ぶらりあるき
ベトナムの博物館

Vietnam

Museum

中村　浩
Hiroshi Nakamura

芙蓉書房出版

阮朝王宮延壽宮の門（フエ）

美術博物館（ホーチミン）

歴史博物館（ホーチミン）

ホーチミンの家（ハノイ）

ニンビン博物館（ニンビン）

旧家保存館（ハノイ）

B 52 爆撃機墜落現場（ハノイ）

フエ宮廷美術博物館（フエ）

ベトナム女性博物館（ハノイ）

ダナン歴史博物館（ダナン）

ホーチミン市立博物館（ホーチミン）

国立歴史博物館（ハノイ）

タンロン水上人形劇場
（ハノイ）

奇岩骨董展示館（ハノイ）

ファン・ボイ・チャウ記念館（フエ）

ミンマン帝廟（フエ）

ハロン湾の景色

まえがき

ベトナムはインドシナ半島の北部、南シナ海に面して南北に細長い国です。このため基本的には高温多湿の気候風土も、北と南では大きく異なります。

また、ベトナムは多民族国家としても知られています。もっとも多いのがキン族（ベト族）で、全人口の九〇%前後を占めています。一方、ムオン族、クメール族、モン族など五〇以上の少数民族は、ベトナム全域に居住しています。こうした少数民族の風俗習慣などは、国立民族学博物館、女性博物館、美術博物館などの展示で見ることができます。

ベトナムは古代以来、外国勢力（特に中国）の侵略を受けてきましたが、ゲリラ戦法などによって抵抗し、最終的には外国勢力を追い出してきた、という粘り強い国民性の国です。機知に富んだ戦法を編み出した人として知られるチャン・フン・ダオ将軍は一三世紀の英雄として崇められている人物で、彼が編み出した戦法は歴史博物館や軍事博物館で展示紹介されています。戦いに敗れた中国、元は、それが原因となって他国の侵略ができなくなったともされています。つまり、文永・弘安年間の二度にわたる元寇の後、三度目の侵攻が計画されていたようですが、それが取りやめになったのはこのベトナムの戦況と強い関係があるとも考えられています。今、尖閣諸島や南沙諸島に対する中国の行為が、元の時代の中国と重なって見えるのは皮肉なものです。

陶磁器が中国の影響で発展してきたことはよく知られています。交趾三彩や安南焼などベトナム独特の窯業製品も注目されます。

ベトナムの博物館は首都のハノイに多くが集中していますが、中部のホイアンやフエ、ダナンなどにも見るべき歴史遺産や博物館が多く、旧南ベトナムの首都サイゴン、現在のホーチミン市にも興味ある施設が多く見られます。これらを訪ね、紹介したのが本書です。

中村　浩

平成二六年六月　梅雨入りの報を聞いて

ハノイ周辺の博物館

ベトナム中部の博物館 109

ホーチミンの博物館 157

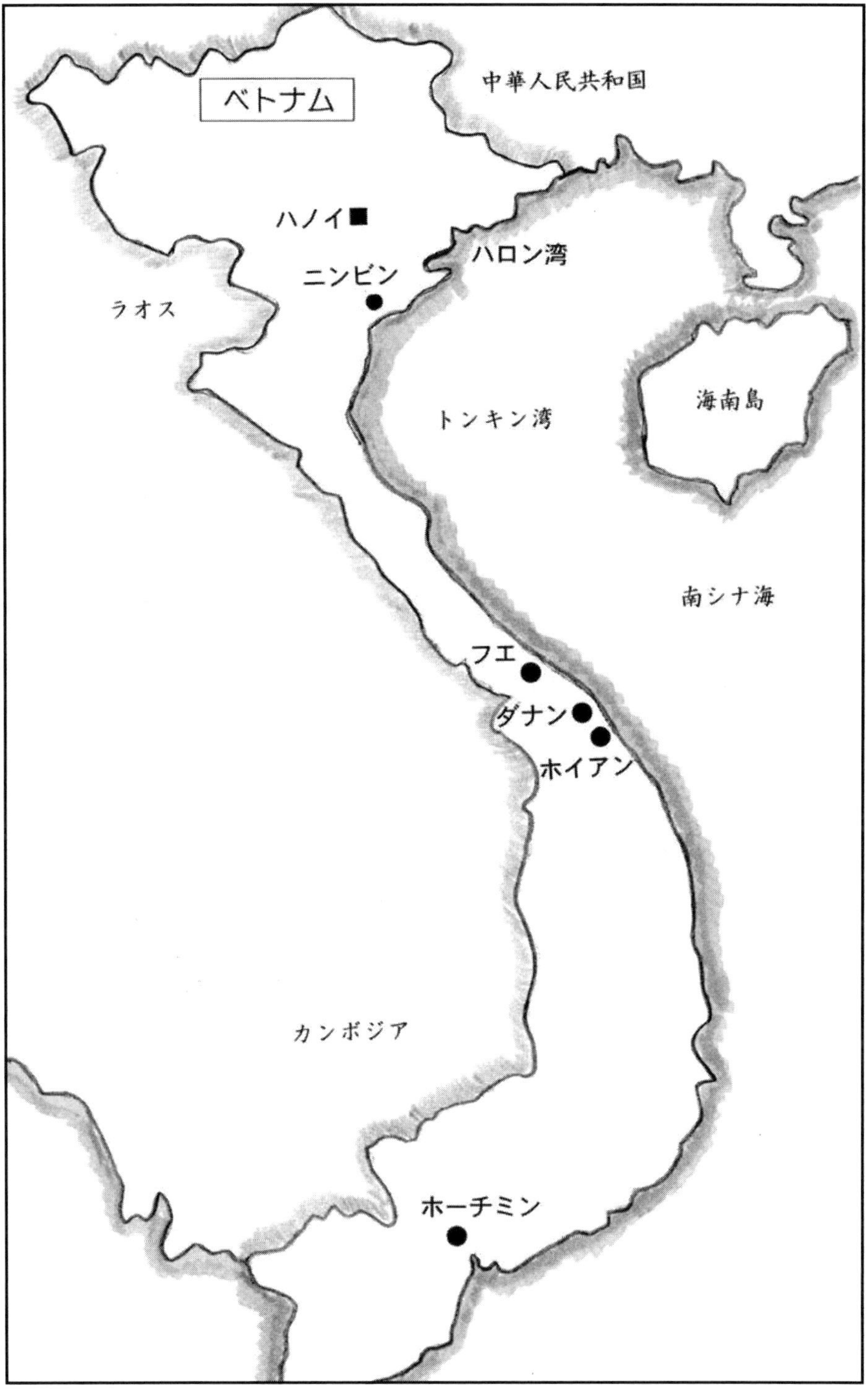

ベトナム
中華人民共和国
ハノイ
ハロン湾
ニンビン
ラオス
海南島
トンキン湾
南シナ海
フエ
ダナン
ホイアン
カンボジア
ホーチミン

ハノイ
13 14
37
36
11
5
16
28
21
20
4
12
2
3
7 8
910
1
22 35
27
45
42
39
30
6
24
46
40
34
32
33
17
38
31
43
26
23
15
44
19
18
ハノイ駅
29
41
25

ハノイの博物館

旧ハノイ城跡（1端門 2敬天殿跡 3D67建物 4後楼 5北門 6フラッグタワー 7北部ベトナム民俗展示館 8奇石骨董展示館 9ハノイ歴史写真展示館 10考古学展示館 11タンロン遺跡 12タンロン遺跡出土遺物展示館）／13コーロア城跡／14コーロア城跡出土遺物展示館／15国立歴史博物館／16ベトナム民族学博物館／17国立美術博物館／18ベトナム女性博物館／19鉱物博物館／20ホーチミン廟／21ホーチミンの家（ホーチミン旧宅）／22ホーチミン博物館／23ベトナム革命博物館／24軍事博物館／25空軍軍事博物館／26ホアロー収容所博物館／27B52戦勝博物館／28B52爆撃機墜落現場／29第一回ハノイ爆撃記念碑／30旧家保存館／31文廟／32ハノイ博物館／33国家計画展示館／34トウーレ動物園／35一柱寺／36鎮武観／37西湖府／38玉山廟／39白馬廟／40西鎮祠象伏祠／41二徴夫人祠／42東河門／43ハノイ大教会／44市劇場（オペラハウス）／45ドンスアン市場／46タンロン水上人形劇場

ベトナム社会主義共和国の首都ハノイ。ベトナム戦争ではアメリカ軍の北爆にも耐え、現在では戦争の痕跡をとどめないほど発展しています。市街には二〇一〇年に世界遺産に登録されたベトナム王朝時代の旧ハノイ城跡があります。ハノイ城跡を含むタンロン遺跡では出土した遺物を展示しています。また、現在も進められている遺跡調査の現場公開など見学者をあきさせない工夫がされています。

旧市街地には中世からの家並みが残り、フランス統治時代の教会やオペラハウスなどの建物に加えて、現代的なデザインのビルもどんどん建てられ、新旧が共存する街を形成しています。

博物館では、フランス統治時代の極東学院の建物を利用した歴史博物館が最も知られています。ベトナムの先史時代から現代にいたるまでの歴史的文化財が展示されています。同じくフランス統治時代にインドシナ大学学生寮宿舎であった建物を利用した美術館は、近代建築とベトナム伝統様式の両者が融合したものとして建築学上も注目されています。

美術館では、李王朝時代の工芸、絵画などの美術品、ベトナムの各民族の織物、また現代アートの作品まで広い範囲の美術作品を見ることができます。

ベトナムは多くの民族によって構成されています。各民族の生活や習慣を紹介する民族学博物館は、彼らの住居も移築して展示しています。住居を復元した敷地は広大で、その大きさには驚かされます。

特徴のある博物館として、女性博物館があげられます。ここにはベトナム女性の生き様、各民族の女性の一生に関わる行事やファッション、さらに、女性の政治進出の歴史などもあわせてみることができます。

ベトナム建国の父として崇められ、またホーおじさんとして親しまれているホーチミンに関しては、ホーチミンの家、ホーチミン博物館、ホーチミン廟があり、いずれも全国からの参観者で混み合っています。ホーチミン博物館は、ハノイのほかホーチミン、ダナン、フエなどにもありますが、ハノイのものが最も大きいようです。いずれの博物館もホーチミン崇拝の高さを物語っています。

また宗教文化に関わる記念物、遺跡では、旧家保存館、文廟、一柱寺、鎮武観、西湖府、玉山廟、白馬廟、ハノイ大教会などがあります。さらに紅川に沿って行くと、陶磁器の産地バチャン、キムランに到ります。両地区では今も盛んに陶磁器が造られています。バチャンは土産物を買い求める観光客で賑わっています。

ドゥンラム集落は、伝統的建物を残す集落で、数百年前にタイムスリップしたような一画です。とくに博物館施設はありませんが、集落の建物そのものが歴史遺産であり、村中が博物館という表現が適切かもしれません。今後の文化財保存の在り方を考えさせられる地域でもあります。

✽鉱物博物館
✽ホーチミン廟
✽ホーチミンの家（ホーチミン旧宅）
✽ホーチミン博物館
✽ベトナム革命博物館
✽軍事博物館
✽空軍軍事博物館
✽ホアロー収容所博物館
✽B52戦勝博物館
✽B52爆撃機墜落現場
✽第一回ハノイ爆撃記念碑
✽旧家保存館

旧ハノイ城跡（タンロン遺跡）【世界遺産】✽
端門・敬天殿跡・D67建物・後楼・北門・フラッグタワー・北部ベトナム民俗展示館・奇石骨董展示館・ハノイ歴史写真展示館・考古学展示館・タンロン遺跡・タンロン遺跡出土遺物展示館

コーロア城跡✽
コーロア城跡出土遺物展示館✽
国立歴史博物館✽
ベトナム民族学博物館✽
国立美術博物館✽
ベトナム女性博物館✽

✻旧ハノイ城跡（タンロン遺跡） 世界遺産 Ha Noi（Thang Long）

一〇一〇年、ベトナムのリー（李）王朝の初代皇帝リー・タイ・ト（李太祖）は都をタンロン（昇竜）、現在のハノイに定めました。中国唐時代の九世紀末に高駢《こうへん》が築いた大羅城の城壁を基礎としてタンロン城が築かれました。その後、ベトナムの歴代王朝の時代にも修復と建造が繰り返されました。やがてグエン（阮）朝を迎えると、初代のザーロン（嘉隆）皇帝は一八〇二年に都をタンロンからフエに移しました。この遷都にあたって、重要な建築物は解体してフエに運ばれ、フエで再び組み立てられました。

グエン朝期にはタンロンという名はハノイ（河内）と改称されます。やがて一八〇四～一八九五年に、前よりも小さな規模のハノイ城が建てられました。グエン朝第四代のトゥドゥック帝（嗣徳帝）は、さらに一部を取り壊しています。

一八八四～一八八六年にはフランス植民地政府により部分的に破壊されてしまいます。フランスが撤退した後、一九七五年までベトナム軍最高司令部がこのハノイ城に置かれました。ハノイ城域は二〇〇四年に国防省からハノイ市に移管されました。これに先立ち、一九九九年から建物の修復工事が行われ、二〇〇〇年の遷都九九〇年を記念して、端門、後楼、正北門が公開されました。その後、遷都一〇〇〇年にあわせて、残りの敬天殿跡、D67建物も一般公開されるようになりました。さらに二〇一〇年には、ハノイ城と西側のタンロン遺跡を合わせた地域が、ユネスコの世界遺産に登録されました。

それでは見学順路にしたがって歩いてみましょう。

端門

ハノイ城は三重の構造になっており、中心部の一層目は皇帝一族が居住する宮城域、二層目にあたる部

ハノイ城端門

端門屋上から見た発掘調査現場

分は皇城と呼ばれる政治が行われる部分、一番外側が京城と呼ばれる一般庶民の生活圏となっています。皇帝一族の居住する宮城の南側には、城内で唯一開かれた出入口である端門があります。この門は、一五世紀の後レイ（黎）朝時代に建てられ、グエン朝時代に補修されました。この門には五つの出入口があり、両脇には楼閣に上る階段が付けられています。中央の出入口は皇帝用で、どの出入口を通っても必ず中央の検問を通らなければならない構造になっています。皇帝の居住する敬天殿へ通じているため、厳重な監視、検査体制がとられたのでしょう。後黎朝の法典『黎朝刑律』には、ここから「針一本でも持ち出すものは斬首に処する」とあり、その厳しいことがうかがえます。

　現在、門の内側には発掘調査で発見された遺構が保存されていて、厚いガラス板越しに見学できます。中でも敷石は敬天殿の方向へまっすぐに延びていて、そこへ通じていたと思われます。この先は発掘調査中のため高い塀が建てられていて見通せませんが、掲示されている図では建物が一直線に並んでいたことが示されています。端門の屋上に上って、そこから見ると発掘調査の状況がよく観察できます。調査地域の後ろ側には、出土した考古遺物を展示する建物が建っています。

敬天殿跡

宮城域の中心的な建物ですが、当時の建物は残されておらず、わずかに基壇と前方の石段のみが残っています。敬天殿は、一四二八年にレ・タイ・ト（黎太祖）によって、リー（李）朝、チャン（陳）朝時代の宮殿の基礎の上に築かれました。そこは皇帝と家族の生活の場所であるとともに、皇帝の謁見や公式の儀式が行われた場所でもありました。

龍の彫刻が美しい花崗岩の石段

皇帝が祭祀を行った祭壇が置かれている建物

現在、この場所に立って見ることができるのは、龍の彫刻が美しい花崗岩の石段のみです。これは後レ（黎）朝時代に最も栄えたレ・タイン・トン（黎聖宗）皇帝の時代の一四六七年に造られました。中央の龍は全長五・三メートルで、体は七つに屈曲し、足先には皇帝の威厳を示す五本の爪が見られます。中央の二つは明らかに龍に見えますが、両端の二つは龍が雲の文様にデフォルメされています。皇帝のみが通れる中央通路部分を龍が囲んでいるのです。

階段を上って左側を少し行くと、奥の建物に通じる道に龍の装飾が施された同じような階段があります。全長三・四メートルで、龍の形は異なり迫力に欠けます。蓮の花や鯉が龍に変化していくという伝説によるモチーフが表現されており、一七世紀末から一八世紀初頭の作品と考えられています。

現在、敬天殿跡に建てられている黄色く塗られた建物は、フランス植民地時代に建設されたもので、植民地政府に一部使用され、独立後は政府の建物として使用されていました。現在、中には皇帝が祭祀を行った祭壇が置かれていいます。また祭祀に使用される金色の銅鼓も置かれています（この銅鼓は新しいもののようです）。

D67建物

敬天殿跡の後ろにある薄い青緑色に塗られた建物はD67建物と呼ばれています。これまで見てきた建物の鮮やかな黄色の壁面とは異なり、質素な建物といえます。一九六七年から二〇〇四年までベトナム共産党の政治部中央委員会が、抗米戦争の戦略に関する重要な会議をここで行いました。一九七四年一二月一八日から一九七五年一月八日まで、南部ベトナム解放の決議を行い、その結果一九七五年にベトナム全土統一を成し遂げました。建物の中央に会議室があり、テーブルの上には出席者のネームプレートが置かれていて、当時の会議の様子が伝わってきます。会議室の左右に

D67建物の展示

南ベトナム解放を決議した会議室

は将軍の部屋が設けられています。壁には当時の戦略地図が貼られています。

この建物に続いて、左右から地下に降りる階段があり、その奥深い地下室にも会議室や器材置場などの部屋があります。会議室は地上のものよりもやや狭いのですが、地上と同じようにネームプレートが座席の前に置かれています。

この作戦司令部の建物はソ連の援助で作られました。地下室は原爆にも耐えるということですが、直撃には耐えられても、放射能などの影響はどうなのだろうかと素人ながら考えましたが………。地上の建物の壁面には、当時使用されたタイプライターや電話機（それも有線電話機や初期の携帯電話機）などのほか、水筒や弁当箱、革鞄や記念の楯などが展示されています。

後楼

敬天殿の後ろにあることから後楼と呼ばれています。一九世紀グエン朝時代、都のフエからハノイを訪れた皇帝は敬天殿に宿泊します。随行の女官や側室たちが皇帝の世話をするために控えていたのがこの後楼でした。建物は三階建で屋根には龍の装飾があり、独特の高楼の見られる建物です。一九世紀末にフランスがハノイを占領した際に破壊されましたが、後にフランスによって同じ場所に復元されました。

現在の建物は、かつてのものよりはかなり小規模なもので、細部の造りも異なっているようです。中に入ると急な階段があったので上ってみましたが、部屋はあまりに狭く、とても人が宿泊できるよ

ハノイ城後楼

うな広さではありません。建物の復元はあくまでも外観であり、内部は違っているようです。建物の前にはかつての後楼に使われていた礎石が置かれています。石には蓮華の花が彫刻されており、失われた後楼の在りし日の豪華な建物の姿が想像されます。

ハノイ城北門

北門

旧ハノイ城の皇城を囲む城壁に造られた五つの門のうちの一つで、現在残っている唯一のものです。後楼の北にあり、高さは四・四メートルありますが、後楼から続く道はなく、側面の門から出て道路に沿って大きく外周をまわらねばなりません。正面には「正北門」という額が掲げられています。正面の扉は閉まったままで、横の鉄の扉から入ることができます。入場料金を払うと、門の外側に設けられた階段を登って門の屋上に出られます。

この門は一八〇五年、フランス人技術者の協力を得てグエン朝初代のザーロン帝によって建てられました。幅一五〜一六メートルの濠を渡り、正北門と書かれた門をくぐるとそこは皇城の中です。一八八二年四月二五日、フランス軍が紅河からの艦砲射撃によって城を攻撃した時の砲弾の痕が残っています。

かつて行われた発掘調査では地下六〇センチからグエン朝時代の基礎が検出され、それとともにこの時に犠牲になったと見られる一体の人骨が発見されたとのことでした。

フラッグタワー

軍事博物館の一画にあるタワーは、高さ三三・四メートル、三層の正方形の台の部分と高さ一八・二メートルの塔の部分から成っています。一八一二年にハノイ城内に監視塔として建設されました。一八四〇年代には日本軍が電報局として使用したこともあります。塔内には頂上まで通じる階段があり、登ることができるとのことでした。ハノイ城に伴う施設として世界遺産に含まれています。

また、フエの王宮にも同じようなフラッグタワーがあります。

北部ベトナム民俗展示館

宮城内の東側に南北に長い建物が二棟あります。このうちの南側の建物がベトナム北部に住む民族の日常生活や生業を紹介する展示館です。入口を入ったところには紙の製造過程を示す写真とその材料が置かれています。籠に入った木の皮があります。皮を石臼で細かく砕き、次に、水に溶かし、木の繊維を細かい目のすのこを敷いた木箱で何度も繰り返し漉いていきます。そして最後にそれを乾燥させると紙ができ上がります。でき上がった薄茶色の紙も並べられています。中央にはその紙に木版で刷った呪符が展示されています。解説が付いていないので呪符の内容は、わかりませんでした。

北部ベトナム民俗展示館

フラッグタワー

その右手の壁には、ベトナムでよく見かける笠の製作手順が展示されています。笠の骨組みとそれに貼り付け、編んでいく植物の葉が置かれています。笠も縁に赤やピンクの布を編み込んでカラフルに飾ったものや飾り気のない素朴なものなどさまざまです。天井から吊り下げられた小さな笠はインテリアとしても使えそうです。この笠はベトナム独特のもので、土産物としてもよく見かけます。他に網代に編まれた竹細工の籠なども、農村部で現在も作られているらしく、いくつかのバリエーションが展示されています。

紙の製造過程の展示

次の部屋は民族楽器が並べられています。マンドリンのようなものやギターのような形をした弦楽器や東南アジア地域ではおなじみの胡弓や共鳴部分に蛇の皮を貼った三味線のほか、琴や小型の琵琶のような弦楽器、さらには大小の太鼓などがあります。展示品の背景にはそれらを演奏する姿がパネルで示されています。また参考図として、両側の壁には古書の版画から引用した楽器演奏のパネルが掲げられており、これらの楽器が長い歴史に培われてきたことを示しています。

最後は飲茶の習慣が示されています。ここでは立派な茶器が置かれています。ベトナムでは、日本の茶道のような薄茶や濃茶ではなく、いわゆる煎茶が普及していたようで、日本風の喫茶法とは趣を異にしていました。この様子も古書から引用したパネルで説明されていました。

奇岩骨董展示館

宮城内の東側の建物二棟のうちの北側の建物がこの展示館です。日本でも江戸時代頃から珍しい石や奇妙な石を集めてお互いに見せあうという趣味人の存在が記録されています。近江の石の長者と呼ばれた木内石亭はその代表格でしょう。ベトナムでは人々の間に盆栽が広く普及しています。ちょっとした街角や庭先に大小さまざまな盆栽が置かれています。ベトナムには多くの珍しい石や奇石を見ることのできる恵まれた自然がありますし、あちこちに盆栽と奇石とで作られた見事な盆景も造られています。

ハノイ（タンロン）城内でも、少しでも空地があれば必ず大小さまざまな盆栽の植木鉢が置かれています。植木鉢の長さが二メートル、高さが五〇センチを超えるような大きなものも決して珍しくありません。また植えられている盆栽も高さ一メートルを超えるような大型のものも多く、日本でよく見かける盆栽とはスケールが違います。植木鉢には藍色の染付の美しい文様がデザインされた陶磁器が使われていたりします。

奇岩骨董展示館

ハノイ歴史写真展示館

敬天殿の中央石段部分の東西に二棟の小型の建物があり、ここでは過去の写真のパネル展示が行われています。

東側建物はかつてのハノイ（タンロン）城やハノイの市街地の様子を写真資料から紹介しています。現在ではその面影が失われてしまった街角の風景も映し出されており、静かな落ち着きのある市街地の姿が偲ばれます。一方、西側の建物はハノイ城とその周辺のかつての様子と景色を撮影したものです。これらの写真パネルから周囲の環境の変化を知ることができます。

ハノイ歴史写真展示館

考古学展示館

考古学展示館　Display of Archeological Artifacts

城内にある横長の建物が端門と敬天殿跡の間にあります。ここには、ハノイ城の発掘調査で出土した多くの考古遺物を展示しています。入口には「タンロンからハノイまで」と表示されているように、ベトナムの長い歴史の大半をカバーする遺物が展示されています。

ここでの時代区分は次の八段階です。まず南漢時代（六一八年~九〇七年）、前レイ（黎）朝（九六八年~一〇〇九年）、リー（李）朝（一〇〇九年~一二二五年）、チャン（陳）朝（一二二六年~一四〇〇

ハノイ城の屋根の装飾

年)、後レイ(黎)朝(一四二八年〜一五二七年)、莫氏政権(一五二七年〜一五九二年)、鄭氏政権(一五九二年〜一七八八年)、グエン(阮)朝(一八〇二年〜一九四五年)です。各時代については赤や青などに色分けされ、時代ごとに展示品が分けて並べられていて、どの時代のものかよくわかるようになっています。

最初の南漢時代のコーナーに展示されているものから見ていきましょう。神像の顔が浮彫された灰色の板状の焼き物が目に入ります。大王と額に刻まれているので、龍王像かもしれません。次にある方形の床敷き塼(焼成した煉瓦)は、細かな線で泳ぐクロコダイル(ワニ)をモチーフにしたもので、先の神像と同じく灰色の焼き物です。また「江西軍」と刻印された長方形の塼が見られます。このほかに陶器の鉢やフェニックスをかたどった素焼きの屋根飾りもあります。

次の前レイ(黎)朝(九六八年〜一〇〇九年)の展示品には屋根瓦が多数見られます。とくに軒先の瓦の先端に宝珠型で龍を透かし彫りで表した素焼瓦は特異なものの一つでしょう。ほかにも透かし彫りの文様のある素焼きの製品があります。いずれも宮殿の屋根の棟部を飾っていたものと考えられます。

リー(李)朝(一〇〇九年〜一二二五年)の展示では、陶磁器の碗や鉢、さらに壺などが見られます。チャン(陳)朝(一二二六年〜一四〇〇年)では、こげ茶に発色した鉄釉蓋付鉢が

ハノイ城の装飾瓦

あります。またブルーグリーンの青磁鉢や青磁壺などの磁器は中国から入ったものでしょう。龍をデフォルメした文様を表面にあしらった軒丸瓦など、さまざまな遺物が見つかっています。

鄭氏政権（一五九二年～一七八八年）では、白地にブルーの文様が映える染付の皿や碗をはじめとする磁器や、陶器製の人物俑などがあります。これらは中国本土の陶磁器に比べると、少々見劣りするようにもみえます。

グエン（阮）朝（一八〇二年～一九四五年）では、王宮がハノイ城からフエに移転しているせいか、遺物は少なく、質的にもかなり劣って見えます。出入口のガラスケースに染付の碗、皿、鉢が見られただけでした。他に、鉄製の小型の大砲も置かれていました。

タンロン遺跡　Thang Long

二〇〇二年、国会議事堂の改築工事に伴って、ハノイ城と道を隔てた地域から発見された遺跡です。調査で見つかった遺跡、遺構を調査当時の状態で覆い屋を作って公開しています。この調査で、七～一九世紀のダイラ（大羅）城、タンロン城、ハノイ城など各時代の建物遺構が重複して検出されています。

ハノイは中国唐時代には安南都護府が置かれていたところで、八世紀には遣唐使として中国に渡った阿倍仲麻呂が安南都護府に派遣されたことが知られています。

遺跡からは建物遺構の他に、建物に関連する排水路や石で組まれた井戸など多数が検出されています。また、中国からもたらされた青磁や白磁の碗、皿、壺などをはじめ染付や土器、あるいは青銅器や銅銭など、各時代のさまざまな遺物が出土し、ハノイ城内の展示室で展示されています。

タンロン遺跡出土遺物展示館

敬天殿の左手の黄色くペイントされた平屋建ての建物の中に、調査が進むタンロン遺跡の出土遺物が展示されています。先に見たハノイ城跡出土の考古遺物と重複している部分も多くありますが、ここでは展示方法が工夫されていて、大変見やすく感じました。

目立っているのは中国やアジア各地との交流でもたらされた陶磁器類です。それらは出土品であるため、復元されたものが多く、欠損部分には白い石膏が補填されていますが、修復跡はあまり目立たないほどです。また、多くの類例が集められています。

また調査当時の写真や完全な製品の参考写真などのパネルが掲げられています。展示室は明るく、陶磁器に関心のある方ならもちろん、とくに考古学に関心のない方も、これほど長い時期にわたって陶磁器の変遷が見られることは少ないと思いますので是非時間をとってご覧ください。

タンロン遺跡出土遺物展示館

✻コーロア城跡　Co Loa

コーロア城はハノイ市の北東、ハノイ中心部を流れる紅河の北岸に築かれています。この城を造ったのはアン・ズオン・ヴォン（安陽王）とされています。中国側の古い文献にも登場する伝説の王です。とくに三重の城塁は大規模なもので、外塁は周囲の長さ七七八〇メートル、城壁の高さは最大八メートル（南部）、平均では三～四メートルで、ベトナムに現存する最大の城郭です。築造年代の下限とされるのが、

安陽王が祀られた神社

外塁で発見された二～三世紀頃とされる塼室墳で、少なくともこの頃には城郭が築かれていたと考えられています。中塁は周囲が六三一〇メートル、城壁の高さは六～一二メートルで、東北部が最も高くなっています。なお外・中塁ともに不整形ですが、一部まっすぐな部分もあります。内塁は総長で一七三〇メートルあります。突き固めた薄い土層を何重にも重ねる版築のような工法をとっていたようです。中央政庁があった場所にはわずかに井戸などの遺構は残っているようですが、ほとんど地上に痕跡を残していません。これから発掘調査によって解明されていくことでしょう。

現在では各土塁の内外は水田や蓮池となっていて、蓮池には水牛が放たれています。訪れたのが雨季だったということもあるのでしょう、蓮池には水が満々とたたえられ、かつてもこのように、土塁を囲む濠であったと想像できます。

ベトナム考古学者の西村昌也氏によると、この城郭遺跡の出土品には大きな特徴があるとされています。ほかのドンソン文化時代の遺跡には見られない中国系の瓦や城郭を有するということです。しかし、同時にドンソン文化でもっとも重要な祭器である銅鼓が出土しています。これらの銅鼓はコーロアI号鼓、II号鼓と呼ばれています。I号は鼓面の径が七三・八センチの大型鼓で、複画紋帯を持ち、鼓面には高床式住居や鼓を集団で叩く儀礼風景などが描かれています。さらにこの銅鼓には脚部に隷書で鋳造後に刻まれた線刻が見られます。これは銅鼓の重量を刻んだものとされていますが、この文字を刻んだ人物はドンソン社会の人間ではない漢字を常用する人物であったと推定されています。II号鼓は破片です。鼓径は四四センチ前後で、カエルを乗せています。その形状から、相当古い時期のものと考えられています。このほか銅鏃や鍬先などの銅製品や半両銭などが出土しています。半両銭は中国の秦代から前漢にかけて広く使用されていたものです。紀元前一七五年から一二〇年に鋳造された前漢時代の四銖半両銭や紀元前三世紀末から紀元前二世紀頃造られた秦時代の半両銭が出土しています。

内塁北側の中塁との間では青銅器がまとまって発見されています。銅鼓、鍬先、剣、鏃、鈴、桶型製品などです。時期的には先の例と大きな開きはないようです。またこれらの青銅器の一部は城内で鋳造されていた可能性が高いことも示されています。二〇〇六~二〇〇七年には、地域の中心部にある安陽王が祀られた神社の調査も行われています。そこからはドンソン文化期の青銅製品の鋳造遺構が見つかったほか、陳時代の建築物の痕跡も確認されています。

✻コーロア城跡出土遺物展示館

コーロア城跡の発掘調査での成果をパネルで展示しています。遺跡出土品もあわせて展示されています。鉄筋二階建てで大きな施設ではありませんが、展示は見やすく工夫されています。

入口を入ってすぐの正面にはコーロア城跡の現在の状態を示したジオラマが置かれています。現在の地形を上空から撮った航空写真を基にしていて、かつての城の土塁と濠などの関係がよくわかります。濠は今もなお水を湛えており、水牛の遊牧地として利用されています。後ろの壁には城の構造がわかるように地図を色分けしたパネルが掲げられています。

コーロア城跡出土遺物展示館

展示室

二階展示室に上ってみましょう。中央のケースには大型の銅鼓が置かれています。先に触れたコーロアⅠ号鼓です。Ⅱ号鼓も同じフロアで展示されています。ほかに中国式の蕨手文様が施された軒丸瓦や平瓦も見ることができます。さらに出土時の様子が、当時の写真で示されています。

銅鏃の一括出土品は一点ずつ置かれ、その後ろには無数の鏃が金属の塊のように、出土時の状態のままで置かれています。これらは紀元前二〇〇〇~二五〇〇年のものと表示されています。

紀元前二世紀から二世紀の銅製の武器を作る熔笵、すなわち、熔けた銅を流し込んで槍先などを造り出すための型も展示されています。この型の出土で、この地で銅製品が鋳造されていたことがわかります。

一五~一八世紀のものと考えられる木製の扉も泥の中から出土しています。このほか各所の調査の状況や出土遺物、遺構の調査状況を記録したカラー写真がパネルでわかりやすく示されています。学術研究の成果である正式報告書も併せて展示されています。

この展示施設にはミュージアム・ショップなどはなく、パンフレットもありませんでした。しかし展示そのものがわかりやすく、展示内容については、ほぼ理解することができたように思います。

✽国立歴史博物館 National Museum of Vietnam History

博物館がある地域は、フランスがハノイにおいて植民地支配を開始した時、最初に割譲された土地です。

一九一〇年まではフランス領事館が置かれていました。その後、フランスがインドシナ地域に置いた国立極東学院の博物館施設として利用されました。国立極東学院というと教育施設のようですが、フランスの文化研究の極東地域の拠点機関の名称です。

現在の建物は、フランス人建築家エルネスト・ヘブラールによって一九二五年から一九三二年にかけて改修されたり、新たに建設されたりしたものです。濃い黄色の壁と楼閣を伴った特徴のある建物です。フランス・コロニアル様式に、屋根や楼閣は中国様式という東西折衷様式の建物です。インドシナ様式とも呼ばれています。楼閣には八角形の塔が頂部に置かれています。

この建物の外観を眺めるだけでも十分楽しめます。ベトナム政府は、フランスが一九五四年に撤退した後、歴史博物館と命名し、一九五八年九月に開館しました。

低い植え込みのある前庭には、寺院にあったと考えられる十三層塔や石塔、サンスクリット語で刻まれた東南アジア最古とされる三世紀のチャンパ王の石碑などの石像遺品が整然と置かれています。

博物館には一〇万点以上のベトナムの歴史を知るための資料が保管されています。展示室はほぼ長方形の建物の一、二階のフロアを利用しており、中央部分は吹き抜けとなっています。

展示テーマの構成を見ていきましょう。まず紀元前三万年前の旧石器時代から展示が始まります。ここでは先史時代（紀元前三万年から紀元前二〇〇〇年まで）とコーナーが名づけられており、新しい時代は新石器時代に入っています。このコーナーでは打製石器や磨製石器の様々な形状とその変化が時期を追ってみることができます。展示は

国立歴史博物館

旧石器時代の展示

銅鼓の展示

遺物を単に台の上に並べるのではなく、たとえば石斧では柄を取り付けるなどして使用法を具体的に図示しながらわかりやすく解説しています。およそ五〇〇〇～六〇〇〇〇年前の人類の頭蓋骨が置かれ、彼らが使用した道具（石器）が同じケースに並べられています。コーナーの奥には当時の生活を再現したジオラマがあります。森の中の自然景観とともに彼らの暮らしぶりが復元されています。しかしケース内の照明が暗く、細かな部分がよく見えないのが残念でした。

　またコーナーの入口には新石器時代の土器づくりの方法を説明するパネルとジオラマがあります。茶色のモノトーンで作られた、女性の人形が土器をつくっている様子を表しています。このほか当時使われていた獣骨や貝殻なども並べられています。

　次は紀元前二〇〇〇年から一四世紀までの歴史の流れを、それぞれの地域の文化を中心に紹介したコーナーとなります。展示品のなかでもとくにベトナムらしい遺物には銅鼓があります。銅鼓は青銅製で太鼓またはドラに似た形をしています。比較的大型の品が多いのですが、ここには小さいものも含めベトナム地域で特に顕著に見られる銅鼓が数多く集められています。この太鼓状の銅器は雨の祭祀に用いられた祭器とされています。おそらく形状などから太鼓のように打ち鳴らす楽器ではないかと考えられています。展示品は紀元前五〇〇～四〇〇年のもので、ベトナム、ハ・ナム省で見つかったもので径は七九センチあります。展示品は青銅製ですが、ほとんど傷みが見られません。表面には文様が施されています。

現在でもベトナム北部山岳地域の少数民族の間では、銅鼓を用いた祭祀が続けられているそうです。文様は太陽と星が常に中央にあるように描かれ、同心円の帯状の文様には生活に関わる鳥や鹿などや、幾何学的な文様が見られるのも特徴となっています。また上部に付けられている四匹のカエルは降雨と豊穣を象徴しています。これらの銅鼓製品は蝋溶融鋳造という方法によっているため、全く同じ製品は存在しないとのことでした。

青銅製品には鏡や博山炉などのさまざまな形のものがありますが、原型はいずれも中国に求められるものです。

漢時代の墳墓の写真とそこからの出土品が集められたケースがあります。一～三世紀頃の漢時代墳墓で、バクニン省での調査風景という説明が付された写真パネルが掲げられています。この墳墓は煉瓦様の焼き物で造られた半円筒形で、漢時代の特徴がよく出ています。中国に接するベトナム北部の支配者層の墳墓と考えられます。墓の内部からは多数の陶磁器が出土しています。それらは中国漢時代の様式の特徴を持つものです。

さらに別のケースでは、木棺の中から見つかった多くの青銅製の遺物が展示されています。カウベルのような大小の鐸をはじめ銅鏡などがあります。これらの青銅器や陶磁器を見ると、この地域が中国に接していることもあって、その形や制作方法に中国の影響が濃く出ています。遺構や遺物を通して中国文化の強い影響下にあったことがわかります。

次に、中部地域で展開したサーフィン文化の遺物があります。これらはホイアンのサーフィン文化博物館でも見ることができます。まず縦長の土製の蓋付の甕棺が展示されています。日本の弥生時代の甕棺と似たところもあります。しかし金属製の道具も多数見られ、さらに土器の焼成温度にも差が見られるようです。日本の弥生時代文化の様相とは若干異なるようです。

陶磁器の展示を見ると、その種類も豊富で、始まりとされている赤茶色の土器から、器面に釉を施した、ガラス質に焼け締まった磁器まで、時代の流れに沿ってさまざまな形や文様の展開の歴史を見ることができます。青磁・白磁、青花（染付）なども並べられています。鶏冠壺や鴨型瓶、長頸壺などいずれも中国製品に似ていますが、形状などわずかな差があります。

二～三世紀頃と注記されている古銭が詰められた磁器の鉢が展示されています。この状態で出土しました。子孫のためなのか、誰かの供養のためなのか、埋めた当事者は、このように博物館で展示されるとは思いもよらなかったでしょう。

九六八年～一〇〇九年と表示されているケースには仏教関連の遺物が並べられています。リー（李）朝の皇帝リー・タイ・ト（李太祖）は全土に仏教興隆政策を行った人物でした。ここではその仏教文化の一端を見ることができます。

仏陀の石像は複製品が展示されています。実物はバクニン省にあるファット・チック寺院に祀られています。一〇五七年の製作でベトナム最古の仏像です。同じくファット・チック寺院の蓮の花と龍が彫刻された柱の礎石が展示されています。その時代の仏教隆盛の一端がしのばれます。

一三世紀にベトナムを襲った北からの侵略者であった中国「元」は、ベトナム軍の知略によって壊滅的被害を受けました。その作戦とは、バクダンザン（白藤江）の底に木杭を打ち込み、そこへ元の軍の船団を誘い込み、干潮時を待ちます。身動きが取れなくなった元の船団めがけて撃ってかかるというものです。

ベトナムのチャン・フン・ダオ将軍のこのゲリラ戦法ともいうべき機転によって、ベトナム国家は救われたのです。展示されているのは一二二八年、クワン・ニン省のバクダンザンの川底に打ち込まれた木杭で、背景にはバクダンザンでの奮戦の様子を描いた絵が掲げられています。

一一世紀～一四世紀にかけてのリー（李）王朝時代の建物に使われていた屋根瓦や床に敷いていたとみられる画像塼が展示されています。塼の表面には花柄や吉祥文様が刻印されています。文様は蓮華文様と呼ばれるものが多く、日本の奈良県飛鳥地域の寺院跡から出土した遺物にも似たものがあります。仏像は小型の彫像を中心に集められています。

一階フロアから二階フロアには螺旋階段で上ります。二階フロアでは一階より新しい時代の作品が展示されています。またこの時期には緻密な彫刻を施した木材工芸品や大型の陶磁器などが見られるようにもなります。ベトナムの歴史上もっとも有名なチャンパの石像彫刻が展示されています。フランスの植民地時代、その後のベトナムの展示などもあります。一九三〇年からのフランス植民地時代から一九四五年の八月革命までを大きく三つに分けて、それぞれの展示が行われています。また最後のコーナーには、チャンパ彫刻のうち小型の石像彫刻が中心に集められています。大型のものはぜひチャンパ彫刻博物館でご覧ください。

二階の展示フロアで大きく目立つ展示品の一つがビン・ラン石碑でしょう。ここには中国明朝を破って、後レ（黎）朝を創始したレ・ロイ（黎利）の功績をたたえた文が刻まれています。石碑を支える台は亀になっていま

ビン・ラン石碑

す。亀は長命の象徴であり、吉祥を表わしています。

このほかにも目立つ展示品があります。千本の手を持つといわれる千手観音像です。バクニン省のブット・タップ寺院のもので、一六五六年の製作になる仏教芸術上最高の傑作とされています。実物は乾漆の木像で、表面には金泥が施されています。展示品は複製品ですが、注記がなければ見分けがつきません。日本の千手観音像とはやや面相や表現の趣が異なります。この時代は日本では江戸時代にあたりますし、ベトナムの仏像の典型として日本のものと比較して見るのも一興でしょう。

仏教関係の展示品で目を引くものに青銅製の磬があります。ハイフォン市のバオ・チャット寺院の板鐘で、一七一九年の作とされています。日本では法要の読経の際、区切りの箇所や途中で打ち鳴らす板状の鐘で、磬と呼ばれる仏具です。日本ではこれほど大きなものは見られませんが、表面を飾っている彫刻は素晴らしいものが多いようです。この板鐘には寺の縁起を示す文字が刻まれています。

さらに二階の展示フロアでは、一九世紀～二〇世紀の資料が多く集められています。中国の影響を色濃く受けている螺鈿屏風は一八〇〇年の製作で、三面に城郭、都市、人馬などが描かれています。このほか二〇世紀前半の政府職員の儀礼服などの展示もあります。

解放後の展示品では、一九四五年ホーチミン大統領の提案で定められたベトナム国旗があります。

最後に、一一～一二世紀のヒンズー教に関する石造彫刻の展示があります。ビシュヌ神の乗り物であるガルーダは想像上の動物で、その石像があります。ヒンズー教の神で、破壊と創造をつかさどるシバ神の像もあります。

ここにはミュージアム・ショップがあります。並べられているのは、額装の絵画、木彫、金属工芸品など比較的高価なものが多いようです。また美術品に関する写真図録なども置かれていましたが、博物館の展示品と直接関連のないものも多いようでした。

★元のベトナム侵攻とチャン・フン・ダオ（陳興道）★

一三世紀のアジア世界は、モンゴル帝国の成立と崩壊に特徴されるといわれています。とくにモンゴルのフビライによって建国された元が東アジア全域にわたっての支配を行うべく、アジア各地に侵攻しています。日本では文永の役、弘安の役がよく知られており、その遺跡も北部九州に多く残されています。

一二五一年南宋攻撃のためフビライの軍が雲南に入り、紅河を下って陳朝ベトナムに侵攻します。一二七九年には宋を滅ぼし、一二八〇年には古城を根拠地として南海諸国を服属させようともくろみます。やがて元軍はハノイに入り、陳朝宮廷は南方に亡命します。しかし間もなくベトナム各地に起こったゲリラのため、元はハノイから撤退せざるを得なくなります。このゲリラ戦の先頭に立って抵抗したのが王族のチャン・フン・ダオ（陳興道）でした、

一二八七年元のフビライ・ハン（世祖）はまたしても紅河デルタに軍を送り、ハノイを陥落させます。この時も陳朝は南方に亡命します。これに対して、ベトナムのゲリラは元の補給路を各地で絶つことに成功し、翌春に元は、援軍を送って抵抗しましたが最終的には撤退します。チャン・フン・ダオ将軍の水軍は、バクダンザン（白藤江）で汐の干満を利用して元の水軍を撃破しました。これは汐の干潮時にあらかじめ杭を川底に打ち込み、それらが隠れてしまう満潮時に敵の船を誘い込み、彼らが杭で動きが取れなくなる干潮時を見計らって小舟で攻めるという方法でした。この勝利の後、間もなく一二九四年一月フビライが亡くなります。これらによってフビライの南海諸国制覇の夢は絶たれてしまったのです。

この戦争を含めてベトナムは、侵略者相手に抗戦したほぼすべての戦争で最終的に勝利しています。国立歴史博物館や軍事博物館では、チャン・フン・ダオ将軍のバクダンザンでの戦いをジオラマや絵画で展示しています。将軍の教訓はのちのベトナムと侵略者との抗戦に生かされています。

✻ベトナム民族学博物館　Vietnam Museum of Ethnology

一九九七年九月十二日に開館した大規模な民族博物館は、パリの人類学博物館の援助で設計、建設されました。円柱形をなす白亜の建物です。実際の展示室は後ろ側にあり、建物全体のほぼ五分の三を占めています。

ベトナムは全土には、五つの言語系統に分類される五四もの民族が暮らしています。しかし人口の八六％はベト族（キン族）が占めています。多民族国家ベトナムを知るための重要な施設がこの博物館です。各地の民族の資料を集中して集めており、資料数は一万五〇〇〇点を超えています。こうした収蔵資料を駆使して、各民族の生活風俗や習慣を実物、ジオラマ、写真パネルなどでわかりやすく展示しています。

順路にしたがって一階フロアから見ていきましょう。まず目に飛び込んでくるのがハット・ポイと呼ばれる南部キン族の伝統芸能の紹介です。ここではハット・ポイで用いられる太鼓、笙、拍子木、横笛、弦楽器などの楽器が展示されています。そこで祀られる神像もありますが、その顔は滑稽な表情をしているように見えます。また、螺鈿細工の美しいラッパは、ベト族の儀礼で用いられるもので、その文化の豊かさを感じることができます。

ムオン族は、ホアピン省、タインホア省に住む民族です。ムオン語にはベトナム語と共通する部分が多いことから両民族は同源と考えられています。多くの口承文学や儀礼を継承しており、中でも「モ」と呼ばれる葬礼がよく知られています。展示ではこの「モ」の様子がジオラマで示されています。ムオイン族の文化には隣の地域に住むターイ族との共通点も多く見られます。一階フロアではこのほかコー族、チュ

ベトナム民族学博物館

ット族の紹介が行われています。

二階フロアに向かいましょう。ここにはグアン省に住むターイ族の地方集団であるターイタインの衣装が展示されています。彼らの衣装は木綿と絹から作られていて、スカートはターイ族芸術の典型的なものの一つと紹介されています。スカートの図柄には周辺民族の影響が多く見られ、また一方でターイ族の近隣に住む他の民族の女性もターイ族の上着やスカートを着用しています。

カオバン省にすむヌン族の地方集団であるヌン・ロイ族は竹の皮や籐の繊維で上手に笠を編んでいます。ヌン族はタイー・ターイ語系の言語を話す民族で、ベトナム北部の山岳地帯に住んでいます。とくに彼らは高度な水利システムを築いて水田耕作を行っています。

ザオ（瑶）族は、ベトナム北部の山腹地域に居住する民族で、一八世紀ころに中国から移住してきた人々です。彼らは瑶漢語を用いています。ここではザオ族の地方集団である城ズボンザオの司祭が道教儀礼で用いる祭器の剣が展示されています。

機織りの展示

モン（苗）族はベトナム北部山地の高地に居住しています。とくにモン族の女性の染色技術は有名です。バッテックの手法を用い、蜜蝋で防染加工をしたのち、麻布を藍染めします。ここに展示されたスカートにはソンラー省のモン族の地方集団である黒モン族の女性のもので手先の器用さがはっきりとあらわれています。

二階フロアのほぼ中央部ではチベット・ビルマ語系のロロ族の紹介が行われています。彼らはベトナム北部山地に居住しています。ハザン省のロロ族の女性の衣装が展示されています。服の表面を色鮮やかな布をパッチワークして飾っています。

続いて中部高原北部に居住するソダン族の紹介です。この氏族はクメール語系に属する民族です。ここでは男性が使う背負い籠が展示されています。この籠は見た目に美しいだけではなく、毎日の生活のために不可欠な道具の一つです。農作物を運ぶのにも使います。さらに遊びで出かけるときにも、市場に行くときにも必ず背負って行きます。

同じく中部高原に居住するジャライ族はオーストラロネシア語系に属し、母系社会の伝統があります。展示されているのはジャライ族の楽器です。竹筒が用いられ、その端近くに共鳴具の役割を果たす瓢箪が付けられています。指先で弦をつまんで弾く若者たちが娘たちの気を惹こうと、しばしばこの楽器をかき鳴らして楽しんでいます。メコンデルタ地域と中南部海岸地域の多く住むチャム族は、織物と土器つくりが有名です。彼らにはバラモン教徒とバニ教徒、さらにイスラム教徒がいます。展示されているチャム族の荷車は二頭の水牛に引かせて、籾をはじめとする物資の運搬を行います。

葬祭の展示

漢族はホーチミン市をはじめとする都市部に居住し、多くは商業に従事しています。彼らの故郷は大体が華南地域です。ウエデングドレスの鮮やかな赤は幸福、吉祥、栄光のシンボルの色を示すもので彼らの故郷の伝統をそのまま伝えています。

館外には、展示館のほぼ二倍以上の面積の土地にベトナム各地の民家を移築した民家園があります。これらは各地から、それぞれの民族によって移築されたものです。二階屋根が特徴的なチャム族家屋、ベトナムヒノキを用いて作られたモン族の家屋、半分が高床であと半分が土間というザオ族の家屋、粘土の壁のハニ族の家屋、コトロゥ族の御霊屋、ジャライ族の御霊屋、タイ族の高床家屋、バナ族の集会場、エデ族のロングハウス、ベト族の家屋などがあります。これらの建物が近すぎず離れすぎずという絶妙の間隔で配置されています。屋内に入ることができるものもあり、実物の持つ力を感じることができます。

タイ族の高床式建物は、ベトナムの気候に適応したものなのでしょうが、日本の弥生時代の倉庫を思い起こさせます。床下では家畜や家禽を飼育し、用具の保管場所としてだけではなく、家族の女性が染色作業を行うなど彼らの生活の一部も営まれています。

この野外展示場のほぼ中央にあり、きわめて目立つ建物がバナ族の集会場です。高さは一九メートル近くあります。二〇〇〇年に、中部高原北部のコントウム市のコン・ルバン村のバナ族の四二人の人々によって建てられました。バナ族にとって、この集会所は、村の男性コミュニテイの結束の固さを象徴するものであるとともに芸術的な建築物でもあります。

土製の家屋の展示

バナ族の建物に隣にジャライ省に住むジャライ族の御霊屋の建物があります。ジャライ・アラップの御霊屋です。周りを取り囲む垣の上に作られた木造の一つ一つが、亡くなった人とともにあの世に赴く人や物を表わしています。そこには、尊敬と畏怖の念が示されています。妊娠した女性や交合する男女。局部の誇張は、豊饒な生産力を象徴しています。

エデ族のロングハウスは全長四二メートルの建物で、ダックラック省バンメトートー市キー村から移築されました。ロングハウスには祖母からその娘の家族、さらに孫娘たちの家族と一つの母系大家族が、すべて同じ屋根の下に集まって暮らしています。一九八〇年代以降は、このように一族が集まって共同生活をするということは、中部高原でも急速に少なくなってきており、貴重な資料です。

野外展示場の中央付近にあるベト族の建物はタインホア省にあったもので、母屋では祖先を祀っています。母屋の各所に施された彫刻は一〇〇年以上を経過しています。母屋と別棟はU字に配され、その間は中庭になっています。これらはベト族の農村では広く見られる伝統的な家屋です。このほかにも農具入れや船の倉庫などの簡単な建物も配置されています。このように、野外展示ではベトナム各地の建物が短時間に見学できるようになっています。

いくつかの建物を訪れてみました。高床の建物は床が高いので、内部は涼しい風が通り快適です。しかし床には所々に隙間があり、下の地面が見えていて、少々冷や汗が出ました。さらに場所によっては、床板が小刻みに揺れるところあり、なかなかスリルのある見学となりました。

ミュージアム・ショップはチケット売場の反対側にありますが、ガイドブックなどの販売は行われていませんでした。手工芸品や織物、竹細工などの土産物が中心に販売されていました。ちなみにガイドブックなどの本類は、入口の外側で細々と売られていました。

✿国立美術博物館　Vietnam Fine Arts Museum

建物は一九三〇年代、フランスの植民地の時代にインドシナ大学に付属するフランス人子女のための寄宿舎として建設されました。その後、一九六二年ベトナム民主主義共和国政府文化省に引き継がれ、美術館として利用すべく改築が行われ、一九六六年六月二四日にベトナム美術博物館としてオープンしました。

正面の三階建ての本館と左手の三階建ての別棟の二棟が展示室として使われています。正面の建物の一階ではベトナムの先史時代から一七世紀までの美術作品を見ることができます。

一階第一室の展示から見ていきましょう。ここでは小型の銅鼓や銅壺、青銅製の鏃や鋒先などがケースに展示されています。土器の破片や腕輪などの装飾品も見ることができます。ただし考古学の遺物については歴史博物館の方が質、量ともに素晴らしいです。

次いで第二、第三室では一一～一二世紀のリー（李）朝時代の美術作品を展示しています。三室の正面には、ハノイ市ロンビエン地区にあるバータム寺にあるリー朝時代のライオンの全身像です。口には玉をくわえ、大きな眼と鼻のついた顔には威厳が感じられますが、顔に比べて両側の足（手）は遠慮がちに左右に出されていて、ユーモラスな印象を与えます。仏像が彫刻された柱や、石仏像なども置かれています。残念ながら上部が欠けていますが美しく施釉された陶器製の塔もあります。

第四室では高さ一・一メートル、台座を含むと二・七七メートルになる白い阿弥陀如来像の石像があります。この仏像はリー朝第三代皇帝リー・タイン・トン（李聖宗）の時代、一〇五七年に、バクニン省テイエンズ山の中腹に造られたものです。この仏像はファッテイック寺院にあり、ベトナム最古の仏像とされています。しか

国立美術博物館

ベトナム最古の仏像

し、一九四八年に近くで地雷が爆発し、大きく破損しました。しかし現在は復元されています。

第五室には一六世紀の製作であるピンフック省タムダオ市のホイハー寺の一六世紀に作られた千手観音像があります。この仏像は台座を含めて三・二七メートルあります。合掌する二本の手に加えて左右に四〇本ずつの手があります。これらの手は人間を救済するためのもので、千手を表現しています。隣の部屋にあるブンタック寺の千手観音像は、光背がありますが、ホイハー寺の像には光背が残っていません。一九六五年に美術館に移されて、時間をかけて修復され現在の姿になったそうです。

第五室には、ホイハー寺の千手観音より新しく、一六五六年に作られたブンタック寺の千手観音像があります。海中の龍が観音を支えています。この観音像には左右に四二本の手があり、さらに後背には九五二本の小さな手が付いています。それぞれの手には一つずつの眼があり、文字通り千手千眼です。台座には制作者の張という名前が記されていて、作者の明らかな仏像としても貴重です。

第六室では亭（デイン）の装飾が展示されています。亭とはベトナムの村にある集会や祭礼が行われる場所のことです。亭で現存残っている一番古いものは一六世紀のもので、新しいものは一八～一九世紀のグエン朝時代のものとされています。とくに後レイ朝の一七～一八世紀にかけて多く作られました。亭の建造物には様々な発想で製作された彫刻が施されており、限られた柱の幅の中に人物や動物などが浮彫されています。ここにはそれらの彫刻作品が集められています。この彫刻には、とくに作者の名前は残されれていません。垂木や、柱には現存の動物や想像上の動植物をはじめ人々の遊戯・娯楽など日常生活の様子なども刻まれています。当時の人々の生活を垣間見ることができます。

第七、八室にはハノイ市タック区タイフォン寺に実物がある釈迦苦行像や羅漢像があります。これらの仏像は、額に入れられた仏画でも見ることができます。

このように、一階展示室ではベトナムの仏教寺院に伝えられた仏像、仏画が展示され、その流れが理解できるでしょう。なお多くは忠実に製作された複製品ですが、とくに説明がなければ見学者にはわかりません。

二階フロアでは階段を上ってすぐの展示室第九、十、十一室では二〇世紀の油絵、版画、パステル画、水彩画、グワッシュ画などさまざまな手法で描かれた絵画作品が展示されています。前方の第十二、十三、十四展示室からは漆絵の作品が集められています。描かれているのは戦争をテーマとしたものが多いようです。後方の第十五、十六、十七展示室では花鳥、植物などの漆絵作品が集められています。ベトナムにおける漆の使用は、紀元前のドンソン時代にまで遡ります。とくに舟を造るにあたって、板と板をつなぐ接着剤として使われていたようです。二〇世紀初頭から漆絵が始められました。ベトナムの漆は日本のものに比べて粘性が強く、高温多湿の気候に合っているとのことです。ここでは日本の蒔絵に似た作品を見ることができます。

三階の第十八、十九、二十室ではベトナム絹絵と呼ばれる作品が並べられています。一九三〇年にハノイのインドシナ高等美術学校の画家が西洋絵画の造形手法と東洋の線描画法を組み合わせて新しい技法を生み出しました。絹地に水彩で描いたもので、人物像などがあり、優しい風合いです。ほかに版画作品も展示されています。

別棟の三階では少数民族の民族衣装をはじめ、彼らの作った織物や竹籠などの手工芸品や螺鈿を施した家具、さらには花鳥文を彫刻した銀製容器など伝統的な工芸作品を見ることができます。ベトナムの陶磁器は、前回の訪問時には展示されていたのですが、今回は改修工事中でまったく見ることができませんでした。

ベトナムに伝えられる民画は、広く民間に伝えられた民話や習慣を素材に描かれた素朴な絵画です。このうち動物が出てくるものには「雄鶏と雌鶏」「雌鶏とひな鳥」「ネズミの結婚」「虎」「ヒキガエルの先生」などがあり、このうち前三者は家族のきずなやしあわせをテーマにしたものです。また面白いのは「ネズミの結婚」で、婚礼の列と右上にネズミの天敵である猫が描かれており、その猫に貢物を差し出しているネズミたちの様子が見られます。いわば婚礼が無事に終えられるために、猫へのわいろを渡すということなのでしょうか？鶏に関しては、ファミリーの様子のほかにも図柄として幸福のシンボルのような扱いで使われています。ヒキガエルの塾の風景は、日本の鳥獣戯画と似たユーモラスな中に皮肉をまじえたものとしてみることができるでしょう。また「すもう風景」は、裸体の男性二人ずつが褌姿で組み合っている様子が表現されており、民間の行事として行われていたものを題材にしたものとみられます。また「幸福の予兆」は、願い事を祈念するお札の一種と見られ、家庭の祭壇や柱に貼られたものでしょう。

★ベトナムの民衆版画★

ベトナムの人々は大切な祭日を祝うため、祈りを込めるため、家族への気持ちを表すためあるいは伝統的な価値を伝えるためなど何世紀にもわたって民衆版画を作り続けてきました。ベトナムの民衆版画には二つの種類があります。その一つは旧正月（テト）を祝うため、もう一つは祈祷のために用いられるものです。すでに一二世紀李朝には木版彫りを専業とする多くの人がいたようです。陳朝末期には木版が紙幣の印刷に使われるようになり、一五世紀黎朝には中国から木版彫り技術が伝えられ、さらに発展しました。

とくにタンロンの貴族社会で流行した民衆版画は、一八世紀以降は芸術として独自に発展していきました。どの版画も単一の線や単純なデザインが基本となっています。美術館に展示されているネズミの嫁入りなどのドンホー版画はすべて自然志向で、人々の心の奥にある願い事や感情、あるいは夢が描き出されています。別棟の一階は期間を決めて多くの芸術家に解放されているギャラリーのようです。訪問時には日本人の若手女性芸術家の作品が並べられていました。

✽ベトナム女性博物館　Museum of Vietnamese Women

一九九五年に開館した後、二〇一〇年に改修工事が行われ二〇一二年には新しい展示品も加え、リニューアルされました。以前に訪問したときは工事中のため、ごく一部の展示しか見学できませんでした。そこではベトナム女性の活躍を見ることができました。色彩豊かな少数民族の女性の衣服や、籠細工や織物など、女性が直接かかわってきたもの作りに関して写真パネルを中心に紹介しています。さらに前後の籠に野菜を入れて肩にかけ、物売りをしながら町中をめぐる女性など、ごく身近に見られるベトナム女性を扱った内容が目立ちました。

今回、再度機会を得てこの博物館を訪問しました。建物は以前と変わっていませんでしたが、中の展示は大きく変化していました。展示フロアは一階から三階まであります。

グランドフロアには「ベトナムの母」と題された子供を抱いた女性の金色に輝く大きな彫像が置かれています。傍らにはミュージアムショップがあります。エレベーターで一気に四階まで登り、下がってくるようにしました。建物の中央は大きく開けられた吹き抜け構造となっていて、そこには無数の笠をまるで花びらを重ねたように上下に連なって吊り下げられています。数えてみると笠のつながっている紐は一二本を数えました。赤や黄、青などの色とりどりの笠が目を楽しませてくれます。身近なものでファンタジックな光景を生み出すデザイン力には感心します。

三階フロアは女性のファッションをテーマに展示が行われています。ここでは服だけでなく女性が着用するターバンの髪飾りや帽子、イヤリングやネックレス、ブレスレットなどのアクセサリー小物までが集められています。アクセサリーの材料も玉や金銀などで、贅が尽くされています。服ではカモン族のラオカイ、白タイ族のソンラー、ラオ族のライチャウ、コントウムベト族のアオザイ、さらに四枚衣の服などが展示されています。

女性のファッションの展示

ここでは各々の民族によって衣装の色やデザインが異なるのがよくわかります。バティック（ろうけつ染めされた布）やイカット（絣織物）などの素材のものもあれば、アップリケや刺繍などで加工されたものもあり、それぞれ比較できるように展示されています。さらにこれらの衣装がすべて黒いモノトーンのマネキンが着用していて、布の色や文様が目立つようになっています。ベトナムといえばアオザイの女性を思い浮かべる方が多いと思いますが、他にも多くの魅力的な服があることを知りました。

二階フロアは歴史の中で活躍した女性がテーマです。ベトナムでは多くの女性たちが戦争に参加した（させられた）ことが知られています。ここではその戦争で活躍した女性に焦点を当てて紹介しています。とくに一九三〇年から一九七五年までに戦争と政治の世界で目立った活躍をした女性が集められています。インドシナ共産党の初期の党員でホーチミンの助手を務めたグエン・テイ・ミン・カイ、従軍医であった女性、あるいは一九六八年爆撃で破壊された道路補修の任務中に犠牲になった一〇人の女性、さらには一九七三年、ベトナム戦争の停戦協定を締結したパリ和平協定に参加し、後に副大統領を務めたグエン・テイ・ビンなどの活躍のようすと写真がパネルで示されています。

ところで、このフロアの廊下に五段にわたって多数の勲章を胸に付けた女性の写真が掲げられています。彼女たちは夫、子供、親と肉親が戦争の犠牲になった遺族です。そのために勲章が授与されたとのことで、ここでは英雄として顕彰されています。育良勲章や英雄という称号が与えられても、人間の命に代わるものはありません。飾られている写真からは、かけがえのない肉親を失った家族の悲しみしか感じられませんでした。

勲章を胸に付けた女性の写真

夫婦の寝台

一階フロアは、結婚と出産という人生の重大な通過儀礼の民俗、習慣について紹介されています。キン族の婚礼では大きな傘の下に新郎新婦が晴れ着を着て立ち、写真に納まっています。

サオ族の婚礼衣装の紹介も見られます。また結婚に先立つ結納の品々も特徴的なものです。また結婚にともなう新婦への贈り物や新郎に対する贈り物なども並べられています。たとえば黒タイ族の場合は、新婦が手づくりの枕や布団などを贈る習慣があります。また、夫婦の寝台がジオラマで展示されています。このほか銀の装飾品を贈る民族もあるようです。

次は妊娠・出産についてです。子供を授かることでは、まず一番に道教の神々に頼ったようです。他にも様々な神仏に祈ったことを示す呪符やお守りが展示されています。さらに安産を願ってのお守りなども多く集められています。

女性の仕事についてのコーナーもあります。日々の暮らしを支えるため、彼女たちが行商に使用した自転車、あるいは現在でも市街地でよく見かける両肩に天秤棒を担いでの商いに使う天秤棒の実物などが置かれています。また近所の川や池で魚を獲ったり、山菜採りなどで使った竹細工の籠など彼女らの日常身近に用いられてきた品々が展示されています。

★女性の日★

女性の日がベトナムでは制定されています。三月八日と一〇月二〇日の年二回です。三月八日は国際婦人デー、一〇月二〇日はベトナム婦人デーとなっています。とくに一〇月二〇日はベトナム初の婦人組合が設立された日でもあります。この日は博物館や政府機関などは大抵はお休みになります。街角には、女性に贈る花を売るにわか花屋が軒を並べ、女性の喜びそうな赤いバラなどの色とりどりの花が店先に、うず高く積まれています。この日にベトナムを訪問すると、見学先が休みということが多いので気を付けてください。

✤鉱物博物館　Geologcal Museum

博物館の集中する地域の一角にある鉱物を対象とした博物館です。博物館の建物は三階建てで、パンフレットには三階フロアまで展示が行われているとありましたが、係員によると展示は一階フロアのみとのことでした。人手不足もあって、案内対応はしていないのでしょう。

館案内の冊子によると、一階では五つのテーマ、二階では四つのテーマ、三階では三つのテーマの合計十二テーマで展示は構成されているそうです。一階では「ベトナムの地層の歴史と我々の宇宙」という大テーマが掲げられています。「地球と太陽の関係」「ベトナムの地層の変化」「ベトナムの地質の持つ可能性」「主要な地質学の概要」「ベトナムと他の国との地質学的な関係」が小テーマです。二階は「ベトナムの資源」が大きなテーマです。細かくは「ベトナム大陸の地質構造」「ベトナムのミネラル資源」「地質学とベトナム東海大陸棚の鉱物資源」「地質地図」と分かれます。三階は特別コレクションの展示です。ここでは「化石」「鉱物と岩石標本」「地質学関係の出版物」と分けられています。

しかし実際はこの冊子とは異なり、二・三階のフロアに分かれていた展示物はすべて一階に移されているようです。ガラスケースが数多く並べられ、ケース内の棚にも隙間なく岩石資料が置かれています。

中央の展示台には、地球を半裁した模型があります。中央の地殻部分にはマグマが赤く示されています。これは「地球と太陽の関係」の展示でしょう。展示室中央奥には縦長の白い柱が置かれています。石の破片がつなぎ合わされてポツンと置かれているように見えますが、解説によるとこの柱状の石は白亜期初期の恐竜デノザウルスの大腿部の化石だそうです。

化石の展示されている壁面には恐竜の生きていた時代の様子、多くの鳥龍が空を飛んでいたり地上を大型恐竜が闊歩していたりする油彩の大

鉱物博物館

恐竜デノザウルスの大腿部の化石

展示室

きな推定図が掲げられています。展示されている大型恐竜の化石は、先の大腿骨のみのようでした。白亜紀のシダ類などの植物や小型の魚類の化石や貝類の化石は、展示室奥の別のケースに並べられていました。

ぎっしりと並べられたガラスケースの中にベトナム各地から集められた膨大な鉱物資料が整然と並べられているのは壮観です。蛍石の結晶や石英（クオーツ）、オパールなどの宝石と呼ばれる種類の岩石のほか、鍾乳洞で長い年月をかけて形成された鍾乳石なども集められています。どの展示ケースにも三段以上の棚が設けられ、ほぼ等間隔に岩石標本が並べられています。岩石の百科辞書というかカタログ集を眺めているようです。地質学者が専門家向けにこの展示棚を作ったのではないかと思えるほど詳細な内容でした。

✿ホーチミン廟　Ho Chi Minh Mausoleum

ホーチミン廟は一九七五年の建国記念日に合わせて建てられました。廟の外側にはグレーの御影石が用いられています。一辺三〇メートルの正方形の基壇の上に一辺にそれぞれ六本の柱が建てられ、その上に屋根が置かれています。ギリシャの神殿建築のようです。

中にはガラスケースにホーチミン大統領の遺体を収めた棺が安置されていて、一日一回のみの見学が許されています。長蛇の列を見て、見学できるまでにどのくらい時間がかかるのかをガイドに尋ねると、二時間程度で、今日はまだ短い方ですという答えが返ってきました。あきらめて、左隣にあるホーチミン博物館へ向かいました。

見学者の多くはベトナム各地からやってきた小学校上級生と見られる集団です。彼らはブルーの制服に赤いスカーフというおそろいの制服を着ています。ハノイのところどころで同じ服装をした子供たちを見かけました。廟にいる制服の生徒たちは恐らく修学旅行でやってきたのでしょう。

ホーチミンが死去したのは一九六九年九月二日でした。この時北ベトナムは南ベトナム、アメリカとの戦争の最中で、物資不足は極限の状態でしたが、ホーチミンが独立宣言をした演壇を置いたその位置に遺骸を祀る廟の建設を決定しました。廟のデザインは、公募し、ベトナム人建築家の素案を基にソ連の技術者の意見を入れたものとなりました。建設開始から二年後の一九七五年に完成しました。ただし、このような廟への埋葬はホーチミンの遺志ではありませんでした。彼は遺言書には遺体は火葬して北部、中部、南部の丘陵地帯に埋めてほしい、そこには石碑や銅像は建てないようにと記していたそうです。自らの偶像化は望んでいなかったのです。

このホーチミン廟を見て、北京の天安門広場に面して造られた毛沢東廟を思い起こしました。どちらも、廟の周りを長蛇の列が取り巻いていて、特別

ホーチミン廟前の見学者の列

な個人に対する畏敬の念が強く表されています。

廟の前にはバーティン広場があり、ここで一九四五年九月二日にホーチミンが独立宣言を高らかに読み上げたのでした。

✽ホーチミンの家（ホーチミン旧宅）Ho Chi Minh'House

かつてホーチミンが住んでいた住居をそのまま保存したものです。同じ建物のレプリカはダナンにあるホーチミン博物館にもあります。

ホーチミン廟のある地区の一角に深い緑の林に囲まれた大統領府があります。この大統領府を右手に進むと間もなく左手に黄色に塗装された建物群が見えてきます。これらの建物は職員の住居として用いられていました。ホーチミンは、立派な大統領府に居住することを断り、このうちのハウス54と呼ばれる建物を住居兼執務室として一九五四年から一九五八年まで暮らしました。ハウス54の一番左手の建物が寝室で、洋服ダンスと小さな机、ベッドが置かれた質素な部屋です。右隣は食堂だった部屋で小さなダイニングテーブルと食器が置かれています。これらは実際にホーチミンが生前に使用したものばかりだとのことでした。さらに右手の部屋は執務室で、窓に面したデスクの前の壁にはマルクスとレーニンの肖像画が掛けられています。このほか部屋には本箱が置かれています。また、どの部屋にも天井に扇風機が備えてあります。

ハウス54の左手に同じ黄色に外壁が塗られた別棟があります。ここにはホーチミンが使用した車が置かれています。一九五五年にソ連から贈られたポペーダという高級乗用車のほかにニュー・カドレニアに住

ホーチミンが晩年を過ごした家

む越僑から贈られたフランス製プジョー４０４の乗用車、さらにソ連から贈られたボルガです。とくにボルガはホーチミンが亡くなる一九六九年まで使用していていたそうです。

ハウス54から順路に沿って奥に歩くと、まもなく池に出ます。その池の対岸に高床式の建物が見えます。ベトナム人建築家グエン・ヴァン・ニンによって設計されたもので、ベトナムの伝統的な建築様式とモダンな様式を組み合わせて作られたシンプルな建物です。建物は一九五八年五月一七日に完成しました。ホーチミンの誕生日五月一九日に間に合うように建てられたのです。

高床式の建物の一階部分には壁は設けられておらず、広いスペースに大きなテーブルセットが置かれています。ここをホーチミンは来客を迎えたり、仕事上のミーティングをしたりするスペースとして用いました。一角には当時の電話機三台と鉄製ヘルメットがそのまま残されています。周囲に置かれた観賞用の水槽も建設当時からあったそうです。また子供好きのホーチミンは、近所の子供たちをここへ集めて菓子を与え、歌を歌い、談笑するのを楽しんでいたと伝えられています。

二階は現在見学者用に外側に造られた階段を登って、廊下から内部を見学するようになっています。この見学用の階段は一九七七年二月一五日に設置

ハウス54

高床式の建物

されたもので、ホーチミン死後のことです。二階には机といすが置かれただけの書斎とベッドが一つ置かれた寝室の二部屋があるだけで、いずれも質素なものです。出入口は両面に設けられどちらからでも廊下に出ることができるようになっています。

この住居の周囲には青々とした多くの樹木があり、手入れが行き届いています。ホーチミン自身も、それら樹木の手入れの人々の先頭に立って早朝や仕事の後に作業をしたということです。

ところで、ホーチミンがハウス54に住むようになったのは一九五四年一二月です。この年の五月にはフランスの完全撤退、七月にはジュネーブ協定締結などがあり、それらの重要な仕事を終えて、一九六九年亡くなるまでの一五年間をここで過ごしました。

これ以後一九六〇年にベトナム戦争が勃発し、ホーチミンはベトナム民主主義共和国初代首相（一九四五年九月二日～一九五五年九月二〇日）、労働党中央委員会主席（一九五一年二月一九日～一九六九年九月二日）、同第一書記（一九五六年一一月一日～一九六〇年九月一〇日）などの要職を歴任しています。

家の前には大きな池を中心に庭が造られています。市街地ですが周辺は静かな環境が保たれており、激動の時代を生き抜いたホーチミンには晩年に与えられたしばしの休息の時間であったのかもしれません。

✿ホーチミン博物館　Museum of Ho Chi Minh

ホーチミン廟の隣にある建物が博物館で、ホーチミン生誕百周年の一九九六年五月一〇日に開館しました。建物の設計や内装にいたるまで、旧ソ連でレーニン博物館に携わった専門家が担当し、その全面的な援助によって完成しました。正面入口の上部にはホーチミン・ミュージアムと英語表記されています。

ホーチミン廟の混雑に比べると、すいているように見えましたが、館内は日本のラッシュアワーのようです。平日なのになぜ混み合うのか、恐らくホーチミン廟と同じく修学旅行生で混雑しているのでしょう。

展示室は天井が高く、二つのフロアから成っています。二階の展示室に上がる階段正面の踊り場にはホーチミンの巨大な銅像が置かれています。

二階にはホーチミンが生活した場所の写真パネルが壁面全てを使って展示されています。ホーチミンの誕生地、青年時代を送った場所、大統領時代の執務室、官邸、独立宣言を行った場所など、ベトナム人民にとってはいずれも歴史的に意義のある場所ばかりです。

ところどころにガラスケースが置かれ、ホーチミンが著した書物が展示されています。さらに人民軍兵士と共に戦うホーチミンの姿を表したブロンズ像も見ることができます。ホーチミンが過ごした各地の建物や室内の写真パネルやそれらの建物のジオラマも展示されています。

ホーチミン博物館

ホーチミン博物館は、ハノイのほかにも、ベトナム南部のホーチミン〈かつてのサイゴン〉やダナン、フエなどにもあります。どれも立派な建物ですが、ハノイのものが最も大規模です。

✿ベトナム革命博物館 Vietnam Revolution Museum

歴史博物館の斜め向かいにある黄色い壁の二階建ての建物がベトナム革命博物館です。一九五九年に開館しました。この建物は一九一七年にフランスによって建設された税務署でした。建物の中は二九の小部屋に分かれています。入口扉前には兵士たちと国旗が描かれたポスターが貼られています。

本館の前庭には共産党幹部が使用した装甲自動車が展示されています。また迫撃砲などの大砲類も並べられています。外国勢力を排除し、民族独立を成し遂げる為にベトナムがいかに戦ってきたかを実物の武器や写真パネルの展示で示しています。

第一段階は二階の第一室から第九室までで、一八五八年から一九四五年のベトナム人民の独立の闘いをテーマに、一九四五年以前のコレクションを展示しています。兵士が所持した銃器や蛮刀など一九四五年の革命に用いられた武器や旗などが集められています。

前庭の大砲類の展示

展示室

ベトナム革命博物館

第二段階は第十室から第二十四室で展示されているもので、一九四五年から一九七五年にかけての国家の独立のための侵略者との闘争がテーマです。

第三段階は一階の第二十五室から第二十九室で、一九七五年から現在までの期間を対象としています。都市の強化や文化、政治の発展、国民生活の向上などをテーマにした展示が行われています。ベトナムが如何に外部の侵略者と戦ってきたのかを、その戦闘に使用された武器や作戦の様子を写真やパネルで詳しく解説しています。すべての戦いで粘り強く戦い、最後には勝利してきたという自信が展示に現れているようです。

✿軍事博物館　Vietnam Army Museum

ハノイ市中心部のディエンビエンフー通りに面してベトナム国旗が掲げられたフラッグ・タワーが目に入ります。また入口に戦車が置かれた白い二階建ての建物も見えます。この建物が一九五九年一二月二二日に設立された軍事博物館です。

建物はかつてフランス軍が駐留軍兵士の兵舎として使用していたものです。入口には戦車のほか大砲や野戦砲などの多数の銃器が野外に並べられていて、ここが軍事に関する博物館であることがわかります。中庭にはアメリカ、フランスの戦闘機やヘリコプター、さらにはソ連製のミグ戦闘機など翼が触れるのではないかと思うほど密に並べられています。

中央入口には国旗の前にホーチミン像が置かれています。

まず中国の元王朝時代に、元軍がこの地を攻撃した際に迎撃したベトナム側のチャン・フン・ダオ将軍の活躍・奮戦によって勝利した展示からはじまります。バクダン川からの攻撃に備えて川底に打ち込んだ木杭が、干潮時には元の船の自由を奪いました。そこをチャン・フン・ダオ将軍が攻撃しました。その様子を想像して描いた大きなパネルが壁面に掲げられています。これは、いわばゲリラ的手法による戦いで、この教

軍事博物館

大統領官邸に突入した戦車

訓は後の抵抗運動にも生かされているようです。

続いて、ベトナムの伝統的な刀や小型の銃器類などの展示があります。このほかベトナム独立の争いやアメリカとのベトナム戦争などで使用されたベトナム製の機雷や銃器類が多くの写真パネルと共に展示されています。

二階フロアの展示では、一九四六年から四七年にかけての六〇日間のハノイ市のベトナム独立同盟の兵士とフランス軍との攻防のジオラマが注目です。ベトナム兵が手に持っているのは第二次世界大戦中のインドシナ駐留日本軍が残していった日本製の武器です。これは日本軍が使っていた特攻用の兵器でした。長い棒の先に機雷を付けた対戦車兵器ポムパーカーンまたは刺突機雷とも呼ばれるもので兵士の捨て身の作戦で使用されたものです。

ベトナム戦争で実際に使用された武器や戦況の変遷の展示には、別の後方の一棟を使用しています。そこには一九六八年一月三〇日のテト攻勢でベトコン（南ベトナム民族解放戦線）特別攻撃隊が使用したタクシーや一九七五年四月三〇日南ベトナム政府大統領官邸（現在の独立宮殿）に突入したベトコン（南ベトナム民族解放戦線）のT54B型戦車の実物が展示されています。

また対フランスとの独立戦争や抗米戦争などで銃を取って戦うベトナム人の姿や戦場で幼児に授乳しあやす女性などの油彩画には、ベトナム戦争を生き抜いた人々のたくましさを見ることができます。

外に目を転じると、アメリカの戦闘機やヘリコプター、あるいはソ連製のミグ戦闘機などのほか、砲弾、爆弾などが置かれています。一九六七年から一九六九年五月にかけて、アメリカ軍機一四機を撃墜した旧ソ連製のミグ21型戦闘機４３２４の実物展示があります。とくにこのミグ21型戦闘機４３２４は、活躍したことを強調するような展示になっていました。また、一九五四年から一九七三年の間に北ベトナムで撃墜されたアメリカ軍機の製造番号板のコレクションがあります。

中央には、撃墜した航空機の残骸で作られた塔のオブジェがあります。これらは一九四五年から五四年の抗仏戦、一九六一年から七五年の対アメリカ戦で撃墜したフランス軍機、アメリカ軍機の残骸や破片を集めて作られたものです。ベトナム人民の怨念が込められているようにも思えます。この塔は、隣の世界遺産ハノイ城からも、フラッグタワーと並んで、よく見ることができます。

✻空軍軍事博物館　Vietnam Air Force Museum

ベトナム空軍の航空機や空軍に関する装備などを展示する博物館です。飛行場かと思わせるような、ともかく広い敷地には、第二次世界大戦やベトナム戦争で実際に使用された空軍の飛行機が、まるで出撃直前の待機状態のように置かれています。

ベトナム空軍の主力機であったミグ戦闘機をはじめ、練習機としても用いられたプロペラ機、さらに大量の兵士や兵器を輸送した大型ヘリコプターなど目白押しです。ミグ17、ミグ21戦闘機をはじめミサイル迎撃機Ｆ５型機なども展示されています。ミグ21型機は、一九六七年から一九六九年にかけて配備されていた主力戦闘機でした。航空機ファンならずとも、これだけの量の戦闘機をはじめとする軍用機の姿には興奮します。

空軍軍事博物館

ジェット戦闘機ばかりでなくヘリコプターも展示されています。大型の輸送用ヘリコプターや小型の戦闘用ヘリコプターは、戦闘機よりも観客の目を惹いていたようです。

これらの飛行機に囲まれた奥に二階建ての展示館があります。撃墜したアメリカ軍機の残片をはじめ、アメリカが使用した爆弾やロケット砲、あるいは機銃の銃弾などが展示されています。さらに航空機の装備品、航空機自体の車輪などの部品がケース内に置かれています。

戦時下で通信設備を操作する軍人の姿をジオラマによって再現しています。ほかの展示とは異なり、このジオラマからは臨場感がまざまざと伝わってきます。

ミグ戦闘機の展示

展示館の中央では、ベトナム空軍のパイロットの写真が、その氏名とともに掲示されています。彼らの武勲がどのようなものであったのかはわかりませんが、彼らは空軍のエリート中のエリートなのでしょう。また、高射砲や対空ミサイルなどの兵器も見ることができます。

✾ホアロー収容所博物館　Prison Museum of Hoa Lo

ハノイの市街地には、現代的な建物の象徴として高層マンションが林立しています。そのひとつの隣に、外壁がヤマブキ色に塗られた建物があります。これがホアロー収容所です。タワーマンションと隣あっているのですが、とくに違和感はありません。

この収容所は、一八九六年に、フランスのインドシナ侵攻によってベトナムの植民地統治が開始された

ホアロー収容所博物館入口

時に、政治犯などを収容する監獄として創設されました。かつてこの地域は工芸品生産の村として栄えていたそうですが、刑務所建設によって移転を余儀なくされたようです。収容所が建てられる以前の村の様子はジオラマで示されています。

この刑務所の収容者定員は四五〇人程度とされていますが、一九三〇年頃には政治犯を中心に二〇〇〇人もの囚人が収容されていたと記録にあります。

フランスの撤退後、一九五四年からはベトナム政府によって刑務所として使用されました。さらに一九六四年八月五日から一九七三年までのベトナム戦争中には、北ベトナムによって米軍の捕虜収容所として使われました。米軍捕虜はこの収容所を「ハノイ・ヒルトン」と呼んでいたそうです。ここに収容されていた捕虜の中には、後に大統領候補として名を知られるジョン・マケイン上院議員や、統一後にベトナム大使となったピート・ピーターソンらがいました。

現在では収容所の大半が取り壊され、三分の一程度が残されて博物館として公開されています。フランスからのベトナム独立運動に関わる歴史について、植民地時代の革命運動家の処刑に使用されたギロチンや鉄製の赤く錆びた拘束具が展示されています。ジオラマでは、独房の様子や足かせで拘束された収容者が連なって収容されている姿が再現されています。歴史的事実の再現シーンとはいえ、思わず目を背けたくなります。

ギロチン

✽B52戦勝博物館

ベトナム戦争中の一九七二年一二月以来、度々ハノイを空爆したアメリカの主要爆撃機B52を対空砲で撃墜しました。それを記念してつくられた博物館です。入口の守衛室側の壁際には磨かれ輝いている小型の高射砲が三基並べられています。建物の上部には色とりどりの小旗が掲げられています。

撃墜したB52爆撃機の残骸

正面階段を上り館内に入ると、銃を携えた男性兵士と民族衣装のアオザイを着た女性の二人が、戦場を背景に前進する金色の銅像があります。

展示の内容は、大半がアメリカとの抗戦に関する写真パネルや当時の武器や兵士の活躍の紹介です。爆撃で火災が発生し、それを消火する人々の姿を表したジオラマは、その悲惨さを訴えています。アメリカ兵やベトナム兵の銃器やヘルメットなどの装備、国旗や勲章なども見られます。なお機首を下にまっすぐに落下する飛行機を示したジオラマ風のパネルなどもいくつか置かれています。このほか情報機器類なども展示されています。

中庭には、リニューアル前に訪問した時には、落とされた爆弾や、撃墜したB52の機体の尾翼、機体の一部、車輪、エンジンなどの焼け焦げ

B52戦勝博物館

た残骸が展示されていました。今回の訪問の際には、さらに主翼、タイヤ、車輪などが増えており、ほぼ一機分に近い状態となって展示されていました。残骸の前の説明板はベトナム語と英語で書かれており、B52爆撃機は全長五六・三九メートル、両翼の幅は四九・〇五メートル、高さは一二・四メートル、重量は機体そのものが七七・二トン、爆弾などを積載した際の最大重量は二二一・三五トン、最高速度は時速九五七キロメートルを出せる性能を持っていたとのことです。

さらに、アメリカのカーチス戦闘機を撃墜したことを示すように、その残骸の金属の塊も並べられています。このほか、空爆に対抗して発射されたソ連製の対空ミサイル二基や空爆を迎え撃ったベトナム空軍のミグ戦闘機、レーダーなどの観測機器も野外展示されています。

＊B52爆撃機墜落現場

ハノイ市街地の入り組んだホアンホタム通りから更に小さな道を行くと、目の前に小さな池が現れます。濁った緑色の水面に「国家認定史蹟フーティップ池とB52爆撃機」とベトナム語と英語で書かれた表示板が埋め込まれたコンクリートの標柱が建てられ、池の中にB52爆撃機の尾翼と胴体、車輪などの残骸が残されています。

一九七二年一二月二七日、来襲したアメリカ軍の爆撃機B52は、ハノイ市を防衛していた第72部隊の対空砲によって撃墜されました。この時のアメリカ軍の攻撃はクリスマス爆撃とも呼ばれています。抗米戦争中のハノイではB52は「死の鳥」と呼ばれ恐れられていました。墜落した

B52爆撃機墜落現場

爆撃機の残骸は、引き上げられることなく池の中にあり、車輪の一部が水面上に見えています。このB52Gと呼ばれた機種は、B52の中でもとくに性能の高い機種だったとされています。

池を取り囲むように道があり、果実や食事などを売る露店がいくつも出ています。右手の道沿いには「B52」という屋号のコーヒーショップもありました。過去の事件など現代を生きる人々には関わりのないことなのか、写真を撮っている見学者を見る眼がやけに冷たいように感じました。これも、ベトナム市民のある種のたくましさなのでしょう。

✿第一回ハノイ爆撃記念碑

一九七二年一二月二六日、アメリカはハノイに対し初めて空からの爆撃を行いました。これを契機としてアメリカのB52による北爆は続き、多くの市民が犠牲になりました。このハノイ爆撃が最も激しく行われた地域の一角に、北爆記念慰霊碑が建てられています。母親がこの爆撃で死亡した幼い子供を抱いて悲しみにくれている姿を表した銅像です。

ハノイ爆撃記念碑

すでにハノイ市街地は、爆撃の跡など何もない近代都市に復興しています。その陰でこれらの悲劇が風化しつつあるように思えます。長い歴史の流れの中で埋もれ、さらにはこの惨劇の事実自体が忘れられようとしている今日、この像はその流れに強烈に反発しているようにも思えます。

✤旧家保存館

市街地の中に、見た目には質素な木造二階建ての中国風の建物があります。ここは一九世紀後半に建てられた商人の家であったとのことです。かつては隣にハノイ・エレガンス・ホテルという近代的なホテルがあり、この家の古さを引き立てているようでした。

一九九九年にフランス・トゥルーズ市の協力によって修復工事が行われました。内部に細やかな彫刻の装飾が施されています。さらに部屋にマッチしたたんすや机など伝統的な家具も置かれ、今でも住人の暮らしが続いているようです。

旧家保存館の入口

大きな木製のベッド

伝統芸能（カチュー）の公演

一階入口を入ると、正面は壁で遮られ、両側から奥に入ります。間口の狭さに比べると奥行きが長く、祭壇があり祖先の位牌が祀られています。次にコンクリートの土間があり井戸が掘られています。さらに奥に行くとカマドがあり、台所、さらに木製の粗末なテーブルとイスが置かれ、ここが住人の食堂であることがわかります。

急な階段で二階に上がると、中央部が吹き抜けで一方がベランダ状の廊下となっています。部屋には大きな木製のベッドが置かれ枕が置かれています。頭側の壁面には「昇龍」と墨書された額が掲げられています。また神棚のような祭祀壇が一方の壁面にあります。部屋の上を見ると天井板は見られず、屋根裏の木組みが見えます。屋根にはレンガ色のウロコ状をした独特の瓦が用いられています。

この保存館では、週に何日か、夕方から伝統芸能の公演があります。一階の土間に観客用の椅子が並べられます。満員でもせいぜい二〇人程度です。正面奥に作られた舞台で伝統楽器と歌い手の三名以内の公演です。この伝統芸能はカチューと呼ばれるもので、訳すと「歌礼」となります。三種類の弦楽器が演奏され、それに合わせてゆったりと高音で歌を謡っていきます。ベトナム北部に伝わる最古の伝統芸能の一つですが、後継者がなく存続の危機とされていました。しかし近年は継承・学習する若者が現われ一安心だそうです。カチューは世界無形遺産に最近登録されたとのことで、公演を見学しました。しかし老演者が弾く弦楽器から出る単調なリズムと若い歌い手の金切り声にも似た高音の謡には少々戸惑いました。熱演でしたが、浄瑠璃にも似たこの芸能は、言葉の壁もあり、私には内容が理解できませんでした。

✿文　廟　Temple of Literature

ハノイ市街のほぼ中心にある代表的な観光地の一つがこの文廟です。塀で囲まれた境内は、市街地にあることを忘れさせる静寂さです。孔子をまつる孔子廟ですが、文廟と呼ばれています。

文廟の正面には文廟門と呼ばれる二つの屋根が特徴的な三関門があります。かつては木造だったようですが、一七世紀に現在の石造の門に作り替えられたそうです。門の右側には幸福と成功を象徴する昇り龍、左には権力の象徴の虎、さらに中央には一対の龍の彫刻が見られます。現在は中央の門が開かれ通行できますが、かつては中央は皇帝のみが通行ができ、市民は左右の門からしか入れませんでした。門からは赤い煉瓦が敷かれた直線の道があり、二つ目の門、大中門に到ります。この屋根には跳ね上がる鯉が表現されています。さらに内側にある三つ目の門が奎文閣です。一八〇二年に建造されたベトナム建築の代表的なものとされていて、ハノイ市のシンボルマークにも使われています。

一〇七〇年、李聖宗は学者の功績をたたえるために孔子を祀る廟を創建しました。まもなく一〇七六年には官吏の教育を行うための最初の大学がここに設置されました。その後、科挙の試験が三年ごとに行われてきました。

奎文閣をくぐると、ティエンクアンと呼ばれる方形の池があります。この池の両側には、難関であった科挙の合格者の名前と出身地などを刻んだ石碑が建てられています。石碑はいずれも亀の甲の上に設置されています。科挙の試験は一九一九年に廃止されるまで、一一六回にわたって行われましたが、石碑は八二基しか現存していません。科挙の合格者がこの数字であったのかあるいは何らかの事情で失われたのかはわかりません。

文廟門

・アンの坐像が置かれています。
　このほか、かつての文廟、国子監のジオラマ模型や国子監で使用されていた文具、教材などがケースに展示されています。このほかここでの日常生活で食器として使用された陶磁器の碗や皿、衣装類などがガラスケースに展示されています。奥にある階段を上った二階にはベトナムの教育に貢献した三人の皇帝の木像が祀られています。

　受験シーズンにはベトナム全土から多くの受験生やその家族の参詣で賑わうとのことです。国は異なっても受験生の神頼みは変わらないようです。

大中門

　文廟の奥に入っていくと、孔子像などを安置した堂、大成殿があります。さらにその奥にかつて多くの優秀な学生が学んだ国子監の建物があります。国子監は一〇七六年にリー・ニャン・トン（李仁宗）皇帝によって設立されました。しかしこれらの建物は一九四六年フランスとの戦争によって完全に破壊されてしまいました。その後、二〇〇〇年になって現在の建物が再建されました。左右には授業が行われた細長い講堂があり、中央の建物の一階フロアには国子監の教師のひとりであったチュー・ヴァン

科挙の合格者名を刻んだ石碑群

✻ハノイ博物館　Hanoi Museum

ハノイ市中心部から少し離れた地域に、新たに国際会議場や国家計画展示館をはじめとする政府の中心的な施設が建設されています。その一つとして二〇一〇年一〇月に開館したのがこの博物館です。

建物は方形の箱を四重に重ねたような斬新なデザインで、地上四階、地下一階、中央が円形の吹き抜け構造となっています。展示室は中央から四方に延びており、それぞれにガラスケースや展示台にコレクションが置かれています。

四階の展示フロアから見ることにしましょう。まずはベトナムの青銅器のコーナーです。一九～二〇世紀の製作品が多く、高さ五〇センチ以上の大型品が多いようです。湯沸かしポットや酒器、花瓶、花立て、香炉などが集められています。木材工芸品のコーナーには机、椅子、タンスなどの家具や調度品が集められています。とくに螺鈿細工の美しい盆や箱が目立ちます。さらに水中人形劇の人形も壁面に並べられています。作品はほぼ一九～二〇世紀に作られたものです。

青銅器室の反対側の展示室には外国の陶磁器のコーナーがあります。時代的には六～八世紀の青磁や白磁の皿、鉢、瓶、椀、壺などをはじめ一五～一六世紀の中国の染付や色絵が多く、大型品が多く見られます。時代的には六～八世紀の青磁や白磁の皿、鉢、瓶、椀、壺などをはじめ一五～一六世紀の染付壺、鉢、皿、さらには一九～二〇世紀の陶磁器に到るまで多種多様な製品が集められています。さらに日本の一九～二〇世紀の赤絵や染付の壺なども展示されています。最後のコーナーには王宮に居住していた

ハノイ博物館

王族たちの写真パネルが集められています。

三階はコレクターからの寄贈品によって構成されています。圧巻なのは、大小の銅鼓が八点集められている部分でしょう。ベトナムを特徴付ける青銅器でもある銅鼓は、博物館や廟、寺院などでよく目にするものですが、これほど大量に集められていると壮観です。作られた時代や表面の文様が異なっており、それぞれを比較して見ると面白いでしょう。

次はベトナムの陶磁器の産地として知られるバンチャンの製品が集められているコーナーです。バンチャンは現代まで続く産地で、一九世紀に製作された作品の数々を見ることができます。黄色の地に褐色の釉薬で植物文様を描いた一三～一四世紀のつまみを持つ蓋付の鉢は、簡素な中に独特の気品と時代を感じる優品です。このほか中国陶磁の影響で発展してきた陶磁器についても、藍色の呉須の色が映える一六世紀の梅瓶や一一～一二世紀の染付、竹の節を思わせる帯が巡る一六世紀の大型の長頸壺、一七世紀の白磁の瓶、一九世紀の香炉など十分に楽しめる展示が続きます。

テラコッタの展示があります。素焼き独特の色合いである茶褐色の不死鳥や龍などの作品は、王宮（王城）の屋根（棟）を飾ったものや、床や道路に敷かれた文様磚などが主流で、遺跡から出土したものです。これらの作品はすでにハノイ城などの展示館で十分に堪能していましたので、ここは足早に通りすぎました。

二階はコーナーの展示が連なっています。ベトナムの先史文化に関するテーマです。青銅器文化やコーロア城の発掘調査で出土した紀元前一～二世紀頃の小型の青銅器をはじめ大小一二個の銅鼓などを見ることができます。青銅器のうち鏃や鉢は、当時の生活を考える上で重要な資料であり、興味深いものです。

一階にはミュージアム・ショップとレストランがあります。ミュージアム・ショップでは、玉細工の置物や装身具などの工芸品、展示品のレプリカや布製品の財布やスカーフなどが販売されています。ＣＤや出版物も置かれていましたが、展示物に関する書籍やポストカードなどはありませんでした。

✿国家計画展示館

ハノイ博物館の裏に二〇一一年に開館した大型の展示施設です。ここはハノイの二〇三〇～二〇五〇年の近未来の国家計画を統計的な資料を駆使して解説、展示しています。建物は超大型で、中に入るといくつものハノイ市の模型が置かれています。入口を入ってすぐの一段と高い舞台には七五〇〇分の一という大きなスケールのハノイ市全域の模型が置かれています。そこにはハノイの将来計画によって作られる道路網や都市計画によって建設されるビル群などが含まれています。

ハノイ市全域のジオラマ

　その周囲にはハノイ市の植物分布を示したパネルや統計が示されています。さらに寺社や廟のコーナーもあります。現在ハノイ市内に分布する寺院や廟、祠、神社などの宗教的施設を写真と地図で解説しています。図や写真は何となくわかりますが、解説が細かな文字のベトナム語だったため、詳しくはわかりませんでし

国家計画展示館

た。

鉄道網や道路の整備についての理解を促すために七五〇分の一という大スケールのジオラマも多数用意されています。ハノイだけでなくホーチミン市についてもパネルで紹介されており、まさに国家が歩む開発の方向を模索し問いかける国家戦略の展示施設です。

天井まで吹き抜け構造で、天井部からは太陽の明るい陽射しが入り、館内は非常に明るいのですが、その反面冷房の効きが悪く、暑く感じました。

ハノイの寺院・神祠・教会・文化施設など

ハノイには多くの歴史のある寺院、神社、廟が点在しています。博物館のような展示施設を伴うものは少ないのですが、そこには伝説を伴う様々な資料や、建物、彫刻などが残されています。ここでは代表的なものをガイド冊子などを参照しながら紹介していきましょう。

✻一柱寺　Pagoda of the Single Pillar

ホーチミン博物館を正面に見て右側に延祐寺があります。建物の一つは池の中に建てられていますが、一見不安定なようで妙に安定しているという不思議な姿をしています。太い一本の柱の上に建てられている実に奇妙な建物です。よくぞここまでバランスよく配置されているものだと感心させられます。このように一本の柱の上にお堂が建てられていることから、一柱寺とも呼ばれています。

柱は地上から高さ四メートル、直径一・二メートルあり、その上に乗せられている堂は三平方メートルで、正面に「蓮花台」という扁額が掛けられています。内部には黄金色の観音菩薩像が安置されています。

一柱寺

延祐寺は、リー（李）朝第二代皇帝リー・タイ・トン（李太宗、在位一〇二八～一〇五四年）によって一〇四八年に創建されました。これは帝が観音菩薩に蓮華台の上に座らせられるという夢を見たことに由来します。僧ティエントゥエ（禅慧）が寺を建立し、湖に石の柱とその上に蓮の形をした楼を建て、観音像を祀り皇帝の世が長く続くようにと延祐寺と名付けました。

一方、一六六五年レタッダッツの碑文によると、唐の咸通年間（八六〇～八七四年）の初期、湖に一本の柱に支えられた蓮の楼閣があり、観音像を祀っていた。リー（李）朝の第三代皇帝リー・タイン・トン（李聖宗、在位一〇五四～一〇七二年）に世継ぎが生まれず、度々寺に祈願に訪れていた。ある時夢に赤子を抱いた観音菩薩が現れ、帝の前に置いた。ほどなく皇妃は懐妊し、帝は感謝の印として延祐寺を増築しました。

延祐寺は一八世紀中ごろのものとされていますが、フランスが一九五四年インドシナ戦争に敗れてハノイを放棄した際に、それまであった建物を破壊していきました。翌年文化省がグエン朝時代の様式に従って再建しました。一九六二年四月文化省により、ベトナム最初の歴史建築芸術遺産に指定されました。

✻鎮武観　Quan thanh temple

祀られているのは道教の神である玄天上帝で、ハノイの地を北の敵から守るということで多くの人々の信仰を集めてきました。解説文にある伝説によると、浄楽園の王子が中国湖北省武当山で悟りを得て玄

鎮武観

天上帝となり、後にベトナムに来て西湖にすむ九つの尾を持つキツネの妖怪を退治しました。やがて玄天上帝は、この地で亡くなります。それで、玄天上帝に感謝し、崇拝するために寺を創建したということです。しかし実際の創建年代は明らかではありません。一一世紀のリー（李）朝時代と伝えられていますが、資料に出てくるのは一五世紀の後黎朝の第五代皇帝レー・タイン・トン（黎聖宗）が城を拡大する際に、ホータイ（西湖）の東南の方向にあたる現在の地に移したという記述です。

当時、中国明から持ち帰った道教における学問の神、文昌帝君像を科挙の神として合祀しました。科挙受験者は毎月一日と六日に参拝しここに泊まり、その夜に見た夢で合否や将来を占ったということです。

本殿には蛇と亀を従えた玄天鎮武神の銅像が祀られています。像の高さは約四メートル、重量約四トンで、銅像としてはベトナム最大のものです。

✻鎮国寺　Tran Quoc Pagoda

ハノイ最古の寺といわれています。ホータイ湖の東、タインニエン通りのキムグー「金魚島」にあります。六世紀の頃リー・ナムデー（李南帝）の時代、紅河のほとりのイエンホア村に建立され、カイクオック寺（開国寺）と名付けられましたが、一四四〇年、後黎朝第二代皇帝レー・タイ・トン（黎太宗）の時代にアンクオック寺（安国寺）と改名されます。

一六一六年紅河の土手が崩れたため、村人たちが現在の島に移しました。島は李朝時代には王族の避暑地となり、翠華宮と

鎮国寺十一層の仏塔

いう離宮がありました。一六一三年チン（鄭）氏によって門、回廊などが増築されて現在の規模になりました。その後、後黎朝第一一代皇帝レー・ヒン・トン（黎昭宗）によってチャンクオック寺（鎮国寺）と改名されました。

現在の伽藍は一八一五年グエン（阮）朝初代ザーロン（嘉隆）帝によって修築されています。第三代皇帝のティエウチ（紹治）帝は、当時一地方都市であったハノイの寺に国の文字を使用することを禁じたため、鎮北寺（チャンパック寺）と名前を変えましたが、市民には鎮国寺と呼ばれ続けました。

正面の門を入って湖に沿った道を奥まで行くと本堂の前庭に出ます。この寺院の建物の配置は一六世紀に始まった「内エ外ロ」様式と呼ばれるものです。上から見ると「エ」の字型の本堂を「ロ」の字の回廊、客殿、僧坊が取り囲むような形をしています。堂内には、最上段に阿弥陀如来、釈迦如来、弥勒菩薩が祀られ、第二段に釈迦三尊、三段目に阿弥陀三尊、四段目には布袋、普賢、文殊がそれぞれ安置されています。このほかにも准胝観音、梵天、帝釈天、涅槃仏ほかの多様な神仏が安置されています。

前庭には一九五九年インドラ・ジェーンドラ・プラサード大統領によって植樹された菩提樹の大木があります。また本堂の後には十一層を数える仏塔と多くの小さな塔が建てられています。小さな塔は歴代住職の墓だそうで、それぞれに名前を書いた位牌が収められています。

✾西湖府　Tay Ho temple

ベトナムの民間信仰聖母道の女神、柳杏聖母を祀る中心神社です。ホータイ（西湖）東北畔から湖中に突き出た半島の先にあります。府とは大規模な神社の呼び名です。本殿には「西湖顕府」と書かれた額が掲げられています。正面の祭壇には道教最高神である玉皇上帝、その両側に南曹（生の神）と北斗（死の

西湖府本殿

神）のほか聖母道の眷属神である五位大官、十人の王子のうち第七皇子が祀られています。さらに奥には母義天下と記された祭壇があり、上天第一聖母、上岸第二聖母、水宮第三聖母の三位牌が安置されています。これらの後方には後宮と呼ばれる部屋があり、主神柳杏聖母、上岸聖母、水宮聖母が祀られています。また右側には山岳の女神上岸聖母を祀る山荘洞があります。

境内の一角にある炉では、参詣を済ませた後、嘆願書や紙のお金（紙幣）を燃やしていました。供物は持ち帰るそうです。本殿の前に二つの小さな祠があります。左が姑と呼ばれる若くして亡くなった女性、右が舅と呼ばれる若死にした男性の霊を祀る祠です。門から入ったところの壁面には人物の写真が掲げられていました。ガイド氏によると彼らはスリなど常習犯で、再犯の恐れがあり、懲らしめと参拝者に注意を促すために張り出しているのだそうです。

✿玉山廟　Ngoc Son temple

ハノイ市街の中心にホアンキエム湖があります。この湖上の玉山島に建てられた祠です。この島は一一世紀初めには玉象山、一三〜

玉山廟入口

亀の塔

一四世紀には玉山島と名前が変わってきました。当時、皇帝や貴族が釣りを楽しむための魚釣台が置かれていたようです。チャン（陳）朝期（一二二五～一四〇〇年）に島に小さな寺が建てられました。その後後黎朝末期の一七四六年に三国時代の英雄関羽を祭る武廟が建てられました。一七八九年頃には、寺院として修復され玉山寺と名付けられました。

一九世紀には教育文化活動を行う団体嚮善会が玉山寺を譲り受け、文学の神である文昌帝君を祀り、ここで儒教教育を行うとともに、文学作品や経典の翻刻、印刷、出版などを行いました。

境内に行くには、「福」と禄と朱で大書された門をくぐります。次に龍と亀が描かれた門があります。ここにはかつて科挙の合格者たちの名前が張り出されました。次に硯第と書かれた門があります。門の頂上部分には硯が載せられています。現在はここで入場料を払います。続いて島に続く旭棲橋と名付けられた朱塗りの橋を渡ります。

島の中央にある正殿には一三世紀に中国元の侵略を撃退した英雄チャン・フン・ダオをはじめ文学の神文昌君などが祀られています。隣室にはホアンキエム湖で捕獲された体長二メートル、体重二五〇キロの大亀の剥製が置かれています。剥製は表面を黄金色に塗られ、ガラスケースに収められています。この亀は湖に伝わる伝説の亀でしょう。

一五世紀に黎朝を開いたレー・ロイ（黎利）は湖から引き揚げた剣で明と戦って破り、ベトナムを守ります。その後、戦勝の報告に湖に向かうと亀が現れ、その宝剣をくわえて戻っていきました。この故事に由来して、還剣＝ホアンキエムの湖と呼ばれるようになったということです。なお現在もまだ大きな亀がこの湖に生息しているとのことでした。剣を返した場所は、亀の塔がある小島の辺りだったとも伝えられています。

✻白馬廟 The White Horse Temple (Bach Ma Temple)

旧市街地の賑わっている地域の一角にある神社です。旧ハノイ城の守護神の龍肚《ロンドー》と白馬神を祀る祠があります。

中国から独立後の一〇一〇年、リー（李）朝初代皇帝リー・タイ・ト（李太祖）は、ホアルーから、この地に都を移しタンロン（昇龍）と命名しました。しかし新しく城壁を建設してもすぐに崩れてしまいました。そこでロンドー祠で祈ったところ、突然白馬が現れ、あたりを駆け巡った後、祠に帰りました。その白馬が駆けたところに沿って城壁を築いたところ、二度と崩れることがありませんでした。このため、ロンドー祠は白馬祠と呼ばれるようになったということです。

門を入ると、人々の行きかう旧市街地の喧騒が嘘のように静かな世界に変わります。前庭と呼ばれる屋根のある祭礼を行う広場があります。その奥には朱漆の大きな扉があり、龍、鳳凰、麒麟、亀が中央の宝珠を取り囲むように描かれています。壁際には祭りの際に用いられる太鼓が置かれています。本殿では中央に白馬が祀られ、その奥に龍神が祀られています。

白馬廟

✽西鎮祠象伏祠

トゥーレ公園の西側、トゥーレ湖と動物園に囲まれた地区にある祠で、門には「西鎮祠」という看板がありますが、人々は通称の「象伏祠」と呼んでいるようです。日本なら狛犬が置かれている場所に伏せた象の石像が対で置かれています。リー・タイ・ト（李太祖）の息子リン・ランは中国軍が攻め込んできた際に象と共に戦いに向かいます。ある時、象に伏せを命じると忠実にひざまずいた。リン・ランは忠実な象の助けもあって中国軍に勝つことができたと言い伝えられています。

湖を隔てた動物園の賑わいに比べると境内は非常に静かです。トゥーレ湖に釣糸を垂れる市民の姿もあり、のどかな午後の風景です。門から入ってしばらく行くと、小さな門があり、奥には本堂があります。中央の祭壇には「帝子霊」とあり、リン・ランの像などが祀られています。

✽二徴夫人祠

Hai BaTrung Temple（Temple of the "Two Trung Sisters"）

中国の漢はベトナムを支配下に置き、中央から官吏を派遣して、住民から過酷な搾取を行いました。この支配に対し民族意識に目覚めた住民の抵抗もたびたび起こっています。紀元四〇年に起こった徴《チュン》姉妹の反乱は、最

象の石像

二徴夫人祠

初の大きな反乱でしたが、四年後に漢によって鎮圧されました。この姉妹を祀るために一一四二年に現在の場所に祠が建てられました。現在の建物は赤い瓦の平屋建てで、柱や扉には龍の文様が描かれています。訪れたのが夕刻であったせいか、参詣者もなくひっそりとしていました。

✾東河門　Cua O Quan Gate

一七四九年に創建された旧ハノイ城の城門跡です。ハノイにはかつて、このような城門が一六あったとされています。ただしこの門は一九世紀に再建されたものです。

✾ハノイ大教会

旧市街地の一角にある左右に二つの塔のあるゴシック様式の教会です。この教会はフランスがハノイ城を占拠した一八八二年にフランス人宣教師プギニエールによって建設が始まり、一八八六年に落成しました。建物の高さは三一・五メートル、幅は二〇・五メートルあります。中央には砲弾型の大きな扉があり、その上にはステンドグラスの円形のバラ窓があります。

東河門

ハノイ大教会

✾市劇場（オペラハウス） Opera House

市街地にある劇場で、フランス統治時代にパリのオペラ・ガルニエを模して一九〇一年から一〇年の歳月を費やして建設されました。ハノイにある代表的なフランス風建築の一つとして知られています。現在もオペラやコンサート、劇が上演されています。夜間はライトアップされて、昼間とはまた違った美しい姿を見ることができます。

✾ドンスアン市場

旧市街地区の中にあるハノイ最大の市場です。フランス統治時代に道端の露店を収容するために作られたものです。フランス風の外観を持つ建物ですが、当初のものは火災によって失われ、現在の建物はかつての姿を模して再建されたものです。市場の前には食料品の屋台や露店が多く見られ、活気にあふれています。

✾タンロン水上人形劇場 Thanglong Water Puppet Theatre

水上を舞台に人形劇を上演する劇場があります。人形遣いは舞台の後ろから見事に人形を操ります。舞台のそでには楽隊と囃子手が陣取り、伝統

ドンスアン市場

市劇場（オペラハウス）

タンロン水上人形劇場

的な音楽を奏でています。演目は三～五分程度の時間で変わりますが、いずれもベトナムの昔話や伝統的な行事にまつわる物語のようです。最後に人形遣いが舞台の前面に出てフィナーレとなります。下半身を水中に沈めての上演は、熱い気候のベトナムならではのものでしょうが、重労働だと思います。

プログラムには水上人形劇『「同胞」神聖の言葉』とあります。その内容をかいつまんで紹介しましょう。プログラム1は民族楽器の合奏、2は「同胞」でベトナムの起源説話の一つに題材を求めたもの、3は稲作農民の日常生活。4は横笛をふきながら踊る演目、5は扇子踊り、6は宮廷舞踊、7はテーグエンの舞踊、ここからは少数民族の独特の文化を題材にした演目です。8はチャム族の舞踊、9は国の祭日という舞踊、10は各民族の大団結です。以上一〇の演目が水上の人形によって演じられます。上演時間は一時間余りです。

上演される演目は日によって変わるようですが、演技終了とともに行われるフィナーレでは、人形の使い手も登場し、無言の挨拶をします。

ハノイ郊外

✽バチャン陶磁器工芸村

ハノイ市街地の南東約一〇キロにある陶芸村です。表通りには製品の販売店が軒を連ねています。店の裏手の小さな工房には工人の姿がありますが、ロクロは使われていません。多くは型に粘土を流し込む方法を採っています。一部ではロクロで成形、調整しているとのことでしたが、この工房では見ることができませんでした。製品の焼成を行う窯は電気窯、重油窯が主流で、薪を燃料としている伝統的な窯は今では少ないようです。

ここで作られる陶磁器は安南焼と呼ばれるもので、朱色や藍色で描かれた植物や昆虫（トンボ）の文様が特徴です。

四別の階建ての陶磁器工房は、一～三階が商品の販売場所で、最上階の四階が工房となっています。ここは周辺にある店の中でも大規模なもので、一・二階には土産物の陶磁器がうず高く積まれていました。トンボや花などの文様を描いたコーヒーカップや茶器セットなどがあります。価格も茶碗一個数百円程度から手ごろな価格で揃えられています。観光客も用途を考えて購入しているようでした。

三階は、骨董品とまではいかないまでも製作年代が数十年前というような古いものや染付の珍しいもの、豪華な応接セットや大きな置物など高価な製品が展示されています。しかしこのフロアは閑散としていました。四階は製作工房で、ロクロを使用した成形段階から絵付け段階までの制作の手順を見ることができます。花柄文様の大皿や鉢などが乾燥段階に入っていました。また、かつて使われていた薪の焼成窯の模型が置かれています。

もう一軒、少し離れた工房に立ち寄りました。入口の近くに商品の展示販売コーナーがあり、奥に行くと生産工房です。女性ばかり数人のグループが談笑しながら絵付けや仕上げ段階の調整を行っていました。

バチャン陶磁器工芸村

土産物の陶磁器

絵付け作業

＊キムラン陶磁器歴史博物館　Historical Museum of Kim Lan Ceramics

バチャン陶磁器工芸村に近いこの村は、紅河の沿岸地域に成立した陶磁器産地の一つでしたが、長い歴史の流れの中で忘れられた存在となっていました。二〇〇〇年、村人が紅河の辺りで陶磁器片を発見したのがきっかけで、二〇〇一年から日本人考古学者の西村昌也氏の尽力によって窯跡の調査が行われました。この調査の結果、既に八～九世紀頃にはこのあたりには人が住んでいたことがわかりました。

キムラン地区の陶磁器生産に関しては、李朝、陳朝時代の一二～一五世紀にはすでに生産が行われていたようですが、それがいつまで遡れるのかはわかりません。なお調査で出土した皿には「官用窯」の文字が認められ、ここに官営工房があったことが明らかになりました。これらの調査の成果を公開すべく、西村氏をはじめ村人の協力、さらには南海、阪神などで投手として活躍し、後に国会議員となった江本孟紀氏をはじめ多くの日本人の寄付などによって、二〇一二年三月に村の集会所の中にキムラン陶磁器歴史博物館が開館しました。コンクリートで造られた近代的な平屋建ての建物です。

キムラン陶磁器歴史博物館

発掘調査で発見された遺物、ホイアン沖の沈没船から採集された一五世紀の陶磁器、ベトナム各地から出土した陶磁器のコレクションなどがガラスケースの中に数多く並べられています。また、窯業産地にあった登り窯や現在も使用されている煙突窯も展示されています。窯での作業、窯焚きに従事する人物もわかりやすく表現したジオラマが展示室の右端に置かれています。

登り窯の模型

博物館のある土地は、村の人民委員会の敷地の正面中央にあり、右手には李朝時代にこの村に移住した中国出身の阮石越の祠があります。彼がこの村に陶磁器の生産技術を伝えたとする説もあるようですが、真偽は定かではありません。

この博物館では、アジアの陶磁器についての説明がベトナム語・英語と並んで日本語でもパネルで示されています。キムランの復興と発展に尽力した日本人学者らの努力があったことを忘れてはならないでしょう。残念ながら西村氏は、博物館完成後しばらくして交通事故で帰らぬ人となりましたが、村人たちの記憶には強く刻まれ、村の墓地で手厚く葬られています。

✿ドゥンラム集落　Duong Lam（An Ancient Village In Hanoi）

ハノイ市から西に約五〇キロメートル離れたのどかな田園地帯にある集落です。約八〇〇〇人が生活しています。ここは一〇〇年ほど前から時間が止まったかのように、古い建物が残されています。日本にはこのような民家保存に取り組んでいる伝統的建物保存群がありますが、ここはよく似ています。近代的な便利さを望む住民も

ドゥンラム集落入口の門

建物の壁に書き込まれた農業暦

おり、所々には新しい住宅があります。伝統的建物の文化財保存と歴史環境の維持には、地域住民の協力が不可欠であることを痛感します。外見上は違和感のないように努力しているように見えました。

集落の入口には大きな木が植えられていて、その傍らに木造の門があります。かつては村の治安を守るために夜間は閉じられていたそうですが、今では開かれたままのようです。ここで入場料金を支払い自動車で村内に入ると駐車料金が求められます。数年前にも訪れたのですが、今回はまるで見違えるように民家の壁が古風な煉瓦つくりの壁に変えられていたり、傷んでいた家も修復が終わっていたりして、観光客を迎える準備が整ったという印象を受けました。同行したガイド氏によると、日本人観光客はやや減少しているとのことでした。前回訪れた時には何組かの日本人観光客と出会いましたが、今回は皆無でした。むしろベトナム人や中国人団体が増えているようでした。

門を入ると右手に蓮池があり、それに沿って細長い草葺きの建物があります。中には簡単な机と椅子が置かれていて、食事を提供する店のようです。また入口付近にある倉庫風の建物の壁を白く塗り、その上に、朱色でこの村の農業暦が書き込まれています。米つくりでは、いつ種籾を採るか、それらをいつ田植えするか、作付するかというような予定が種類別に書かれています。村人が共同で作業にあたる日程を皆が見える道沿いに表示し、各自に知らせるという役目を果たしています。

さらに行くと、村の集会所としても使われている祠の広場に出ます。周囲の建物はすべてが伝統的な趣のあるもので、煉瓦つくりの壁と赤い瓦葺の屋根が特徴的です。ここから小路を入ると道には煉瓦が敷かれ、左右には煉瓦を積み上げた塀が続きます。煉瓦と白い塗り壁が続く中、一軒の民家に入りました。中庭に二七個の蓋をした赤い陶器の甕が置かれています。また一角に現在も使用されている湧水の井戸が見られます。屋敷は横長の建物で赤い瓦でうろこ状に葺き上げた屋根が雰囲気を盛り上げています。

集落の中央付近の民家に入りました。内部の柱は頑丈なもので、床には赤い煉瓦が敷かれ、中央には彫刻が素晴らしい黒檀の机が置かれています。他の調度品は相当な年月を経たものもありますが、全体としては素朴なもので、陶磁器が数点置かれています。また天井に近い高所にキリスト教関連の絵画が貼られています。主人がお茶をふるまいながら、建物の補修に日本人が関与しているとの話をしながら、建物について説明してくれました。天井部分の木組みは彫刻が施されています。隣の部屋との扉のまわりには植物文様が刻まれています。

先に見た陶器の大甕は酒、ソースを醸造しているとのことでした。それらをボトルに詰めて販売しています。おいしいらしく、ガイド氏も数本購入していました。主人からお酒はいかがですかと勧められましたが、遠慮しました。

さらに村内を歩きます。煉瓦敷きの道は一部分で、多くは土の道のままでしたが、両側の煉瓦の壁は続いています。村の一角に古い井戸があります。この井戸は現在使用されていないようで、内部には草が茂っています。また、十字架のついた高い塔のある教会や仏教寺院もあります。堂内には多くの仏像が祀られています。「紅氏祀堂」「播氏祀堂」などと祭壇の上部に立派な看板を掲げた祖先を祀る堂もいくつ

古井戸

ミア寺院の十三重塔

か見られました。

ミア寺院は集落内部にある寺院です。門前にはミア・マーケットと呼ばれる市場があり、野菜、果物、鶏、豚などの食料を求める近在の住民で賑わっています。この寺院の創建は相当古い時代に遡るとされています。一六三二年には今のような大きな寺院に拡張されました。門の右側にはその由来を刻んだ石碑があります。門を入ってすぐの右手には十三重の八角塔が見られます。この塔を後ろに参道を行くと、再び小さな門があり本堂の前に出ます。本堂は横に長い瓦葺の建物で、木造の平屋建てです。本堂の側面には多くの仏像を置いた壇があり、線香や供物が供えられています。これらの堂の柱は直径五〇センチ前後で、屋根の下の組み物には一部装飾の彫刻が残っています。

ミア神社はミア夫人を祀る社で、集会所からミア寺院に到る中間、集落を横切る幅二メートル余りの主要道に沿った位置にあります。石敷きの参道には数軒の出店があり、祭礼のように賑わっていました。本殿の前には拝殿の建物が連なり、「祭母如在」の旗が中央に、左右に小型の垂れ幕状の旗が立てられていました。拝殿の両側壁面には象の絵が描かれています。訪問時には人影は全くありませんでした。

集落から少し離れたところに前呉王の墓があります。ここも最近整備が進み、石の囲いや周辺の道路の整備が急速に行われたようです。

ハノイ周辺の博物館

北部域のニンビンは、一〇～一一世紀には南西部域のホアルーに丁朝の都が置かれた歴史上重要な土地です。ディン・ティエン・ホアン祠やレー・ダイ・ハン祠を訪ねることもできます。南西部のタムコックは、「陸のハロン湾」ともよばれ、川と奇岩が織りなす自然景観の素晴らしい地域です。ここでは小舟での川下りの体験ができます。また、石灰岩の断崖に造られた碧峝は是非訪問したいところです。

ハノイ市街地から約一六〇キロメートル離れたところに、ベトナムで最も新しく世界遺産に登録された胡朝城跡、城跡出土遺物展示館、南郊壇跡・出土品展示館があります。胡朝は、ホー・クイ・リー（胡季犛）が陳朝から一四〇〇年に皇位を簒奪して立朝したのですが、わずか七年後に明の侵略で滅びました。ごく短期間の宮都があった場所です。東西八七七メートル、南北八八〇メートルの正方形の城郭の壁が現在も残っています。これらを築いた石工が拉致されて北京の紫禁城建設に携わったと言われています。

ベトナムの世界遺産のなかでも特に知られているのがハロン湾です。約一五三〇平方キロの広大な海域に一六〇〇を超える大小の島々があり、そこには水上生活者の村や鍾乳洞もあります。「海の桂林」ともいわれる景勝地で、浸食によって鶏やゴリラのように見える奇岩が作られています。海と空のブルー、島々の崖面のグレー、樹木のグリーンなど、自然の色彩の妙を楽しむこともできます。

ハロン湾【世界遺産】✽　✽ディン・ティエン・ホアン祠
ダウゴー洞窟・鍾乳洞✽　✽レー・ダイ・ハン祠
胡朝城跡【世界遺産】✽　✽ニンビン博物館
胡朝城跡出土遺物展示館✽　✽タムコック
南郊壇跡✽　✽碧峝
古都ホアルー✽

✻ハロン湾　世界遺産　Halong

ハノイから東へバスで三時間半のところにあるハロン湾はベトナム随一の景勝地です。一九九四に「世界遺産」に登録されました。港には観光遊覧船が多数係留されています。中世の帆船風のものから近代的なものまで、大きさも装いもさまざまです。観光船で湾内クルーズを体験してみました。

港を出て間もなく船は速度を落としました。すると小舟が横付けされます。水上生活者が観光客に湾内で獲れた新鮮な魚介類を売っているのです。船内で調理し昼食のメニューに加えられるというので、シャコとハマグリを買いました。

観光遊覧船の手前には物売りの小舟が

ハロン湾クルーズには船内での食事が含まれており、小エビのフライや魚の煮付け、から揚げ、海鮮入りスープなどがテーブルに並びます。さきほどのシャコとハマグリも調理されて出てきました。新鮮な海の幸の食事に気をとられているうちに船は、湾内の絶景地点に近づいています。

ハロン湾の景色

湾内にはいくつもの島が点在していますが、「海の桂林」と譬えられるだけあって、侵食された岩礁からなる景観は素晴らしいものです。石灰岩の島々が波の侵食によって、自然に奇岩となったものです。鶏岩と名付け

二羽の鶏が向かい合う「鶏岩」

られた岩は、まさに二羽の鶏が相互に対峙して並ぶ形をしたものです。この岩はハロン湾では一番の見どころなのか、多くの観光船が集まってくるので、シャッターチャンスはわずかな瞬間にしかありません。鶏岩を過ぎると、左手にゴリラ岩が見えてきます。ゴリラの頭部（横顔）のように見えることから名付けられたようです。このように、いろいろなものに形が似ていると名付けられた岩や全くの奇岩など、湾内の岩や島は一六〇〇を超えるとのことでした。

ハロン湾には龍に関する伝説が残されているそうですが、湾内の景勝地を眺めると、龍が舞い降りたという伝説もさもありなんという印象です。遊覧船はしばらくおだやかな湾内を航行した後、小高い山の麓にある船着場に接岸します。

✻ダウゴー洞窟・鍾乳洞

ハロン湾クルーズが立ち寄るダウゴー鍾乳洞は観光名所です。鍾乳洞へは百段あまりの長い階段を上ります。急な階段を周囲の人に合わせて早足で歩いたので汗が噴き出してきます。鍾乳洞の中は涼しいというより寒いほどです。

この鍾乳洞は一九一八年フランスの植民地総督のサローとカイディン帝がここを訪問し、その美しさに驚嘆したことから知られるようになったとされています。洞窟は、七〇万～一万一〇〇〇年前までの間に形成されたものです。鍾乳洞は海水面から二一メートルの位置にあります。総面積は五〇〇〇平方メートルもあります。一九五七年には当時の大統領ホーチミンがここを訪れています。

長い年月にわたって造り出された大小の鍾乳石が織りなす素晴らしい世界が広がります。洞窟内の通路には照明がないところもあり、注意しないと水たまりにはまってしまいます。途中、崩落によって外光が入っているところでは、太陽光線をまぶしく感じます。道幅が広くとられた見学ポイントでは、大小の石筍が組み合わされて奇勝を形成しています。そこに赤、緑、青などの人口照明が当てられているのですが、演出が少々無粋に感じます。ようやく洞内に目が慣れてきたころに、見学コースは終わります。

鍾乳洞の外に出ると、太陽光線がギラギラの暑いベトナムに戻ります。出口から眺めるハロン湾は穏やかで、青々とした海面には観光客を運んできた多くの船が停泊しています。

往路の船では絶景の連続でしたが、帰路はひたすら出発した港に向かって航行していきます。船内では土産物の刺繍絵を売っていました。ここで買ったらと高いとわかっているのですが、これも人情というか、ついつい買う羽目になります。そうこうしているうちに、船は港の岸壁に横付けされます。

ダウゴー鍾乳洞の入口

鍾乳洞の奇勝

✽胡朝城跡 世界遺産 Citadel of the Ho Dynasty

ハノイ市街地から約一六〇キロメートル離れた郊外にあり、ハノイからは車をチャーターして片道三時間近くの行程となります。途中の道路はでこぼこのうえ、雨上がりだったのでぬかるみ状態でした。世界遺産に登録されたとはいえ、まだ整備途中の状態です。観光客もまばらで、外国からの客には全く出会えませんでした。日本人向けの国営旅行社のガイド氏によると、ハノイ観光に来た日本人がここの見学を希望することはほとんどなく、この会社では初めてとのこと。つまり、所属のガイドは誰も詳しい情報を持っていないとのことでした。しかし、日本人の研究者菊池誠一氏がこの城に関する研究をすでに発表しており、考古学の分野では知られた遺跡の一つです。訪問時にはベトナム人観光客をたくさん見ましたので、国内では関心が広がっているのでしょう。

胡朝は、ホー・クイ・リー（胡李犛）がチャン（陳）朝から一四〇〇年に皇位を簒奪して立朝したのですが、わずか七年後に明の侵略によって潰えました。つまりここは一四〇〇〜一四〇七年の七年間のみ胡朝の都城だった所です。東西八七七メートル、南北八八〇メートルの正方形の城郭の壁が現在も残っています。

東西南北を切り石の石積みの塀で取り囲み、それぞれに門が残されています。現在では宮城域は平坦な水田となっていて、のどかな田園風景が広がっています。時々吹く風に青々と元気良く育った稲がそよいでいました。ここに本当に城があったとは信じられないほどでした。

南門側が正式の入口ですが、北門側にも簡単な検問所があり、制服姿の係

胡朝城南門

橋の欄干のように龍が彫刻された石

員が詰めています。そこでチケットを買って入場しました。北門の両側は切り石で積み上げられた高い城壁が続いていますが、所々崩落しています。北門の内側の壁には、かつて扉があったことを示す幅、深さともに数十センチの溝状の切り込みが見られます。門の上に上ると、切り石の城壁に囲まれたこの城跡が一望できます。またここには木造の建物もあったようで、立派な礎石が残されています。

北門から南門に向かって一直線に道が伸びていますが、かつてあったはずの宮殿の建物などは全く残っていません。わずかに中央の一本道の両側に橋の欄干のように龍が彫刻された石が左右に一点ずつ残されていました。この龍の彫刻はあまり立体的ではなく、ハノイ城のものなどに比べると小さなものです。

西門に向かいました。アーチ状に造られた切り石造りの門の両端には城壁が連なっていますが、門の上に構造物などは見られません。反対側の東門も、西門とほとんど同じ形のアーチ型の門です。門内の蓮池には美しい蓮の花が咲きそろっていました。

東門の近くに川があり、今もなお豊かな水をたたえて流れています。かつてこの城壁を造るために石材を運ぶ船が通ったのだろうと容易に想像できます。橋を渡るとすぐに大きな木造の建物がありました。これは村の集会所で、中は土間のままでした。木の柱が狭い間隔で建てられており、壁がなく開放的な空間でした。この集会所から東には多くの民家があります。

胡朝城の正門にあたる南門には、ほかの門には一ヵ所しかなかった通路が三ヵ所設けられています。南門では中央に煉瓦敷きの立派な通路が見られました。おそらく、この通路を通過することができたのは皇帝などごく一部の限られた人だったのでしょう。訪問時は発掘調査中で、南門の前には通行禁止のロープが張られていました。道には石が敷かれ、側面には赤い煉瓦が用いられています。かなりしっかりした構造のものです。ここからは多くの遺物が出土したそうです。それらは隣接する展示館で展示公開されています。

門を出て右手にこの地方の伝統的な茅葺き屋根の家屋があります。中に入ると、胡朝城の城壁の石が切り出され、運ばれ、組み立てられた工程をイラストで描いたパネルが掲げられています。また、長方形の木箱を積み重ねて、それを石材に見立てて城壁を作っていくという子供向けのワークショップがありました。ただ子供の観覧者がいなかったのでインストラクターの若い女性は手持無沙汰のようでした。

ミュージアム・ショップはなく、門前の茶店で数点の本を置いて販売しているという程度でした。

✻胡朝城跡遺物展示館

鉄骨プレハブ平屋建ての簡素な造りの建物が世界遺産のガイダンス施設として建てられています。併せて、胡朝城跡の発掘調査で出土した遺物を集めて展示しています。建物の約半分は出土遺物の整理作業場及び保管収蔵庫として使用されているようで、遺物を収納した箱がうず高く積まれています。

古代、遠くの敵を倒す武器としては弓矢があり、石を遠くへ飛ばす投石機も考案されました。ここでは投石機で打ち出される砲弾として用いられ

胡朝城跡遺物展示館

屋根瓦の展示

た大小の丸い石が並べられています。火薬を使用していませんが、数十メートルは飛ばせるようです。大砲と比べかなり原始的ですが、最初にこれを見た人々はきっと驚いたことでしょう。

このほか、建物の材料の素焼きの煉瓦や瓦も多く集められています。側面や表面には「大前社」「陶舎社」「安孫社」「拝社」などの文字刻印が認められ、製作者や発注者がわかるものもあるようでした。屋根を飾っていた装飾瓦もあり、フェニックスや龍を表現した素焼きの屋根飾りなどが見られます。陶磁器では青磁の蓋付鉢や杯、椀などが見られます。また植木用の鉢も多く出土しているようです

城内の建物は、城壁と石つくりのアーチ門のみが現在見ることができる建築物ですが、ここに展示されている多くの遺物から胡朝城の威容がしのばれます。

世界遺産ギャラリーでは、城跡発掘調査で出土した遺物を展示していましたが、ここで売られていたガイドブックは胡朝城の門前の茶店で販売していたものと同じでした。

✿南郊壇跡　Vestige of the circular altar in the Nam Giao Altar

城跡の場所から、南の方向に少し車で走ったトー・トン山の山裾に、立派な建築遺跡が残されています。南郊壇とよばれる遺跡です。ここは胡朝時代に、国家の祭祀、国家的儀式などを行う場所でした。かなり大規模な建物遺構ですが、基礎の礎石や縁石のみが残っています。使われている石材は自然のままではな

く、切り出されて加工された痕跡のある切り石です。膨大な労力と技術力をかけてこれらの建物が造られたことがわかります。

この遺跡の発掘調査での出土遺物を集めた展示施設がありましたが、訪問した当日は閉鎖されていました。窓から中をのぞくと、先に見た胡朝城跡遺物展示館と同様、屋根に葺いた瓦の一部復元が行われていました。調査当時の写真パネルも見られました。出土した瓦や陶磁器が床に山積みされていましたが、詳細はわかりませんでした。地上の構築物が失われているとはいえ、基礎部分の造作から見ても、かなりの技術力であり、威容は十分に想像できます。

胡王朝は中国の明によって攻められ滅亡します。その際、城の建築に従事していた多くの石工ら技術者たちは遠く離れた北京に連れて行かれたと記録されています。彼らの高度な建築技術が北京の故宮建設に重要な役割を果たしたのかもしれません。

南郊壇出土遺物の展示施設

✤古都ホアルー　Hoa Lu

ハノイの南、約一一四キロメートルにニンビン省の省都ニンビン市があります。九八六年に建都されて以来、一〇一〇年にタンロン（現在のハノイ）に遷都するまでの間、丁朝の都が置かれていた場所です。

現在の市街地西部に位置するホアルーの地域は古都ホアルーとしてハノイからの日帰り観光地としてもよく知られた場所です。

市街地の主要道には古都にふさわしい大きな門が復元されています。この門の左手には大きな川が流れています。

✾ディン・ティエン・ホアン祠

ディン・ティエン・ホアンは本名をディン・ボ・リン（丁部領）といい、九六八年に帝位に就いた丁朝の初代皇帝です。ここは彼を祀った神社です。

石敷きの広い道を進むと、正面の楼門で狛犬が迎えてくれます。門をくぐっても長い石敷きの道が続きますが、水牛を追う老人や家族連れ、若者のグループなど観光客が行きかっています。突き当りにチケット売り場があり、その左手に祠の北門があります。

門の左側には蓮池があり、その後ろには王の墓がある急峻な岩盤の峰があります。右（西）側に祠の建物が続きます。最初の門を入ると陵墓のある山に向かう遥拝所があります。右手の門を入ると両側に蓮池があり、その中央に赤い方形の煉瓦（磚）を敷き詰めた通路があります。次に立派な木造の門を入ると左右に堂が見えてきます。ここは一〇世紀頃の丁朝の都ホアルーの中心地だった所です。

皇帝の母を祀る祠には「丁朝国母」という看板が掲げられており、大きな巻線香が供えられています。右手の建物の中には、在りし日の都の配置をビジュアルに見ることができるジオラマが置かれ、周辺から出土

ディン・ティエン・ホアン祠

出土した瓦などの展示

した瓦や陶磁器などが展示されています。

中央の祠の前には龍の彫刻が施された欄干で囲まれた通路があり、周囲とは異なる文様塼が敷き詰められています。柱には美しい龍や飛雲の文様が朱漆の地に黄金で描かれています。中央にはディン・ティエン・ホアンの木像、両側には王とともに毒殺された三人の息子たちの木像が安置されています。中央の祭壇前には、見慣れた太い大きな渦巻の線香が焚かれ、菊や百合の花や供物が供えられています。壇の両側には伝統的な形状の長刀や槍などの武器が置かれています。

✽レー・ダイ・ハン祠

ディン・ティエン・ホアン祠の北隣六五メートルにある祠です。ここは暗殺されたディン・ティエン・ホアン皇帝の妃と結婚し丁朝を継承した将軍、レー・ダイ・ハンを祀っています。

入口の門は独特な形の重層屋根を持つ瓦葺の建物です。門を入るとディン・ティエン・ホアン祠と同様の赤い方形の煉瓦（磚）を敷き詰めた通路が続きます。通路の左側に平屋建ての建物がありますが、この建物の前には一辺二メートル前後の方形（正確には八角形）の水盤

レー・ダイ・ハン祠

があり、その中央にこの地域独特の自然石のオブジェが置かれています。

通路を歩くと、切妻づくり平屋建ての瓦葺の門があります。門の左壁面には前後に龍頭の装飾のある金色の輿が置かれています。さらに少し行くと左手に、コンクリートの柱に切妻づくり平屋建ての瓦葺の建物があります。ここは三基の輿が安置される倉庫でした。中央の輿は屋根があり、装飾も派手です。一方、両側のものも屋根はありませんが、装飾は中央の輿に引けを取らない豪華なものです。いずれの輿も座席部分に円形の香炉が置かれ、線香が焚かれています。ここで行われる祭事に用いられるもののようです。

広い石敷きの広場に出ます。中央奥に皇帝を祀る本殿があります。本殿の中央部分に石囲いをした石敷きの参道があり、敷石には龍が刻まれています。この囲まれた部分は王の通路だったのです。本殿の間口は五間で、横長の建物が二棟連接しています。前が拝殿、後ろが本殿です。本殿の中央奥に木彫の皇帝像が安置されています。

レー・ダイ・ハンの座像

✻ニンビン博物館　Ninh Binh Museum

ニンビン市の中心部にある博物館です。建物は三階建てで中央部が吹き抜け構造となっています。一階正面にはホーチミンの銅像が建てられています。銅像の上下左右には木彫レリーフが飾られています。ガラスケースにはシンバルのような打楽器や青銅器が並べられています。青銅器は小型の銅鐸、銅鉾、銅剣、

ニンビン博物館

銅鼓の展示

銅鍬先、銅斧、銅碗などとともに銅製鉢が展示されています。

二階では抗米戦争に関する写真資料を中心に展示されています。撃墜されたアメリカ軍の艦載機の破片やベトナム軍将校の軍服や勲章などが展示されています。ガラスケースには伝統的な武器、長刀や槍、刀などが置かれています。笠に仕込まれた刀もみられました。このほか弓、大砲などもありました。また、ここに都をおいていたディン・ティエン・ホアン王の上半身像もあります。

三階に上ります。正面のケースには銅鼓が四点入れられています。青く錆が出ていますが、三点は完全な形で残されており、一点も一部に欠損が見られるもののほぼ良好な保存状態です。重要な祭儀に用いられ、大切に取り扱われてきたのでしょう。隣には赤い布を敷いた台上に素焼きの九層塔が二点おかれています。

中国風の瓦が屋根に葺かれていた様子がジオラマで復元されています。文様塼は一括して集められています。そのほか陶磁器の碗、皿がありました。銅製、陶磁器製の仏具の香炉や花瓶もあります。壁面には隙間なくたくさんの写真が掲示されていましたが、解説文がベトナム語のみであったことから、よく理解できませんでした。また、三階の一角には動植物の標本が集められています。いたちや猫のような小型獣と豹のような動物の剥製が展示されています。

この博物館の展示品は素晴らしいものが多いのですが、展示方法にまとまりが見られないのが残念です。館の前には小さな人工池があり、自然石を配した盆栽が植えられた小さな庭が造られています。その周囲にも大型の盆栽の鉢がたくさん置かれていて、訪れる人の目を楽しませています。この光景とはミスマッチなのですが、館の左手にはベトナム空軍のジェット戦闘機が置かれています。

✿タムコック

ニンビン市の南西約八キロにあるタムコックは、「陸のハロン湾」とも称され、石灰岩で形成された奇岩、奇峰が連なって独特の風景を成しています。奇岩渓谷の川では舟遊びが楽しめるので多くの人でにぎわっています。

ボートトリップを楽しむつもりでしたが、船が人力で漕ぐ小舟であること、全行程に二時間半もかかること、天候不良で寒かったことなどの悪条件が重なったため、ダイジェストで途中までということになってしまいました。ただこれだけでも十分タムコックの風景は楽しむことができました。

乗船する船が決まりました。救命胴衣を身につけます。船は全長三

タムコックの船着き場

メートル、幅一メートルの金属製で、幅二〇センチの座席が三つあります。船頭が後方に座り、私は真ん中の座席に座りました。船頭は地元の初老の女性です。両足を器用に使って緩やかな流れの川に漕ぎ出します。

　最初のうちは吃水線ぎりぎりの水が気になって景色を眺める余裕などありませんでした。数分してから少し落ち着いて周囲の景色を眺められるようになります。沿岸部に立ち並ぶ民家、両岸をつなぐ石橋、群れをなすアヒルなどを見ているうちに、何とも言えない美しい景色が出現します。中国の桂林の川下りも体験しましたが、おそらくこれほど水面を近くには感じなかったと思います。左手の小島の頂上には石仏像があります。川には稲が植えられているようです。稲づくりが行われていることから川底は砂地ではなく泥のようです。

美しいタムコックの景色

　沿岸の岩盤は水に浸食されてさまざまな形をしています。自然にできた奇岩です。亀の頭と甲羅、犬の形に見える岩などがあり、船頭はここで船を止めて写真を撮影するようにと勧めます。桂林の風景にもたとえられますが、こちらのほうがコンパクトにまとまっています。

　一時間余りの船遊びでしたが、船着き場に降りてひと安心しました。

✾碧　峝

タムコックからさらに山奥に入ったところに、切り立った山の崖面に沿って石灰岩の岩盤を削って造られた寺院があります。

最下段の広場には建物のほかに石塔が三基建てられています。数十段階段を上ると二番目の広場に出ます。ここには一棟の建物が岩陰に建てられています。建物の横から鍾乳洞の洞窟に入ります。この突き当りに階段があり、十五段上ると三番目の広場に出ます。ここには建物はありませんが、洞窟内に三尊仏が安置されています。この奥に数十段の階段があり、それを上ると最上部の奥ノ院です。

碧峝の入口

建物は崖面を利用して、その一部が洞窟に含まれるように切石を積み上げて、正面に木造の扉が造られています。屋根は前面と側面のみですが、両端が反り上がった独特の形をした瓦葺き屋根です。堂内には仏像が一体置かれ、亀の形に見える台が配置されていました。登ってくるときには気づきませんでしたが、三尊仏の反対側には、鍾乳石の残っている部分に、杖を持った仙人のように見える自然の堆積岩（石筍）や亀に見えるものもありました。

仙人のように見える石筍

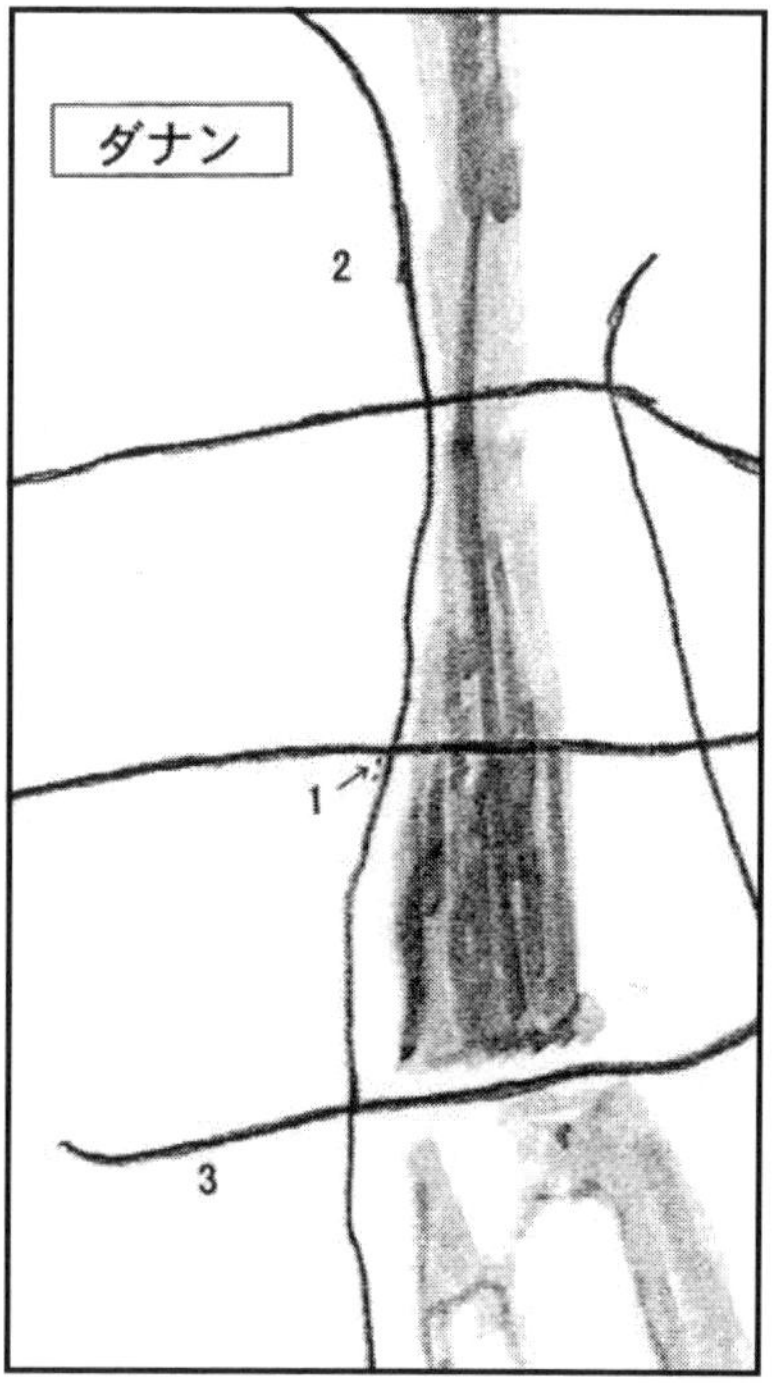
ダナン
2
1
3

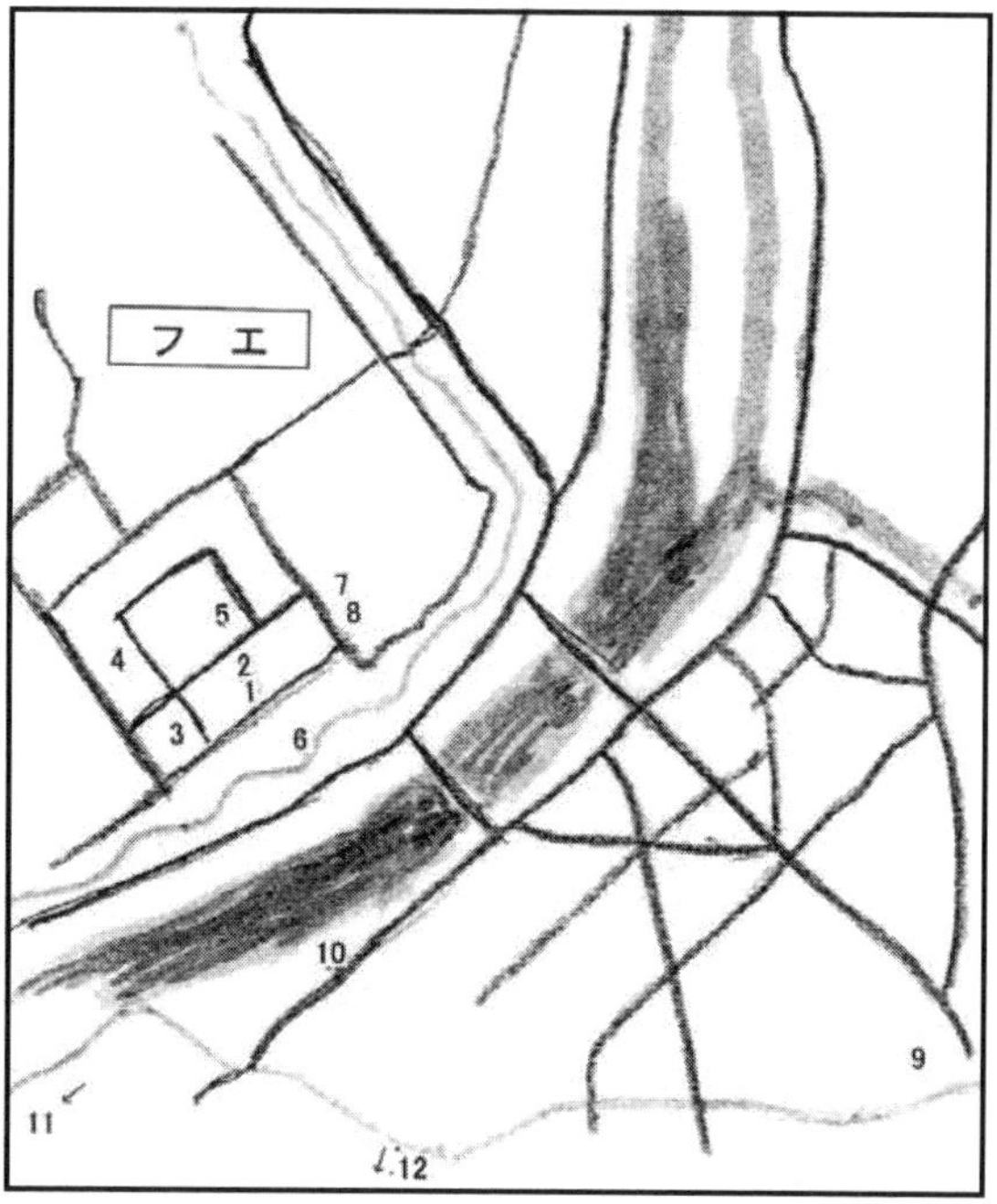
フ エ
7
8
5
4
2
1
3
6
10
9
11
12

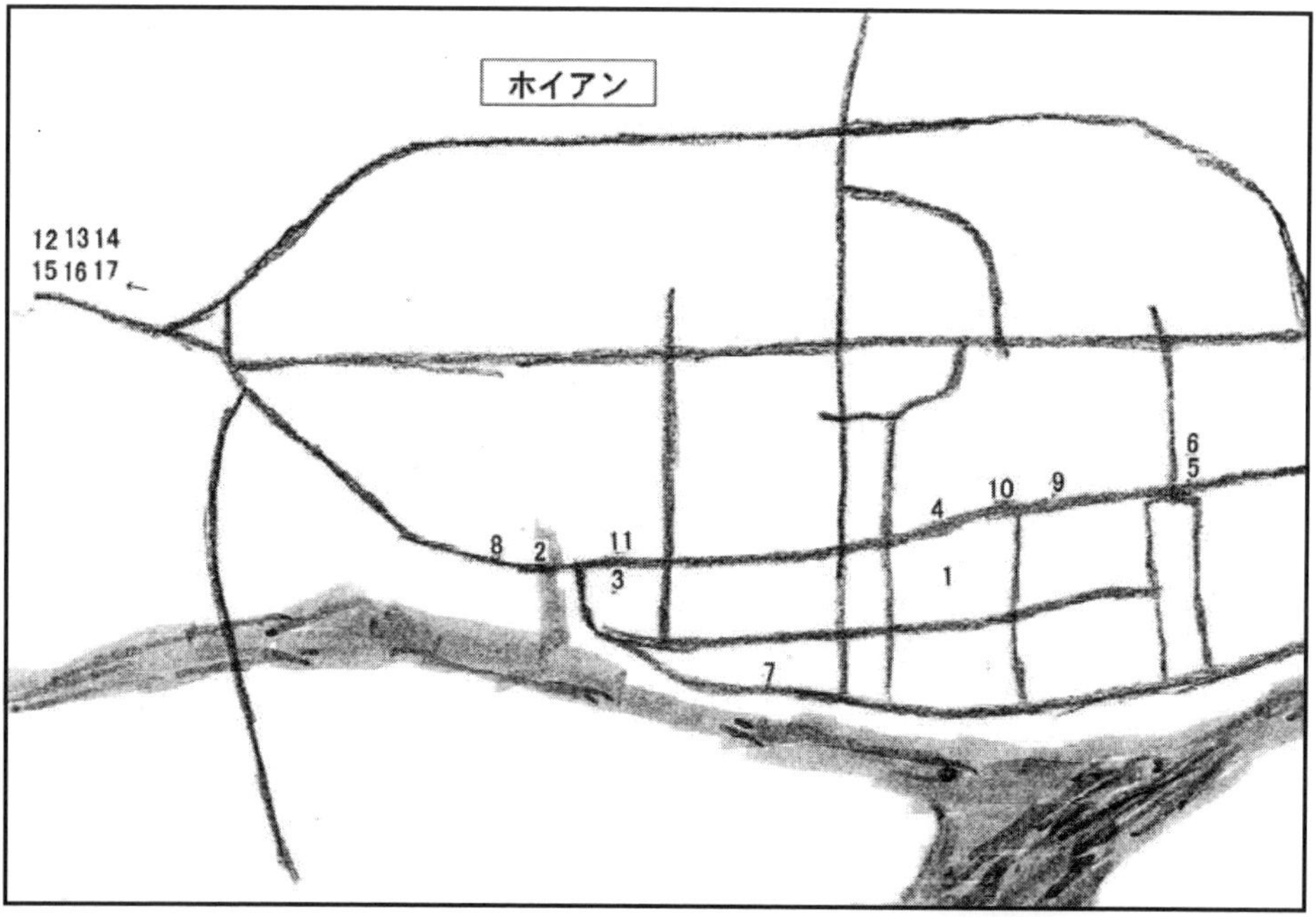
ホイアン
12 13 14
15 16 17
6
5
10 9
4
8 2 11
3
1
7

ベトナム中部の博物館

【フエ】
阮朝王宮（1王宮門（午門） 2太和殿 3顕臨閣 4延壽宮 5閲是堂 6フラッグタワー）／7フエ宮廷美術博物館／8歴史革命博物館／9安定宮（旧臨時宮廷美術博物館）／10ホーチミン博物館／11ティエンムー寺／12ファン・ボイ・チャウ記念館／13ミンマン帝廟／14トゥドゥック帝廟／15カイディン帝廟／16ティエウチ帝廟
【ダナン】
1チャム彫刻博物館／2ダナン歴史博物館／3ホーチミン博物館
【ホイアン】
1ホイアン旧市街／2屋根付日本橋（来遠橋）／3サーフィン博物館／4貿易陶磁博物館／5澄漢宮／6ホイアン歴史文化博物館／7タンキーの家／8フンフンの家／9福建會舘／10中華會舘／11廣肇會舘／12タンハー陶器作りの村／13ミーソン／14チャム族伝統芸能公演施設／15ミーソン遺跡／16ミーソン遺跡展示館／17シンガープラ遺跡

フエ

ベトナム中部の都市フエは、一〇世紀頃にチャム族の作った国であるチャンパ王国の中心都市として栄えました。一三〇八年ころまではチャンパ王国ウリク（烏里）と呼ばれていたようです。大越陳王朝が領有したのちは北の順州（現在のクアンチ省）と南の化州（現在のトゥアンティエン・フエ省）に分割され現在に至っています。一五五八年には江南阮氏の本拠地となりました。さらにタイソン（西山）朝の中断ののち一八〇二年にはグエン（阮）朝の都がここに置かれました。フエのある中部二省は江南阮氏時代には「順化都城」、グエン朝時代には「富春京師」と呼ばれていました。グエン王朝は一九四五年まで一三代続きましたが、王朝の崩壊後、王宮は廃れていきました。

阮朝王宮✾

王宮門（午門）／太和殿／顕臨閣／
延壽宮／閲是堂／フラッグタワー

フエ宮廷美術博物館✾

歴史革命博物館✾

歴史展示館／革命展示館

安定宮（旧臨時宮廷美術博物館）✾

✾ホーチミン博物館

✾ティエンムー寺

✾ファン・ボイ・チャウ記念館

✾ミンマン帝廟【世界遺産】

✾トゥドゥック帝廟【世界遺産】

✾カイディン帝廟【世界遺産】

✾ティエウチ帝廟【世界遺産】

✻阮朝王宮　Imperial City

王宮は、フォーン川の北岸にあり、一七世紀ころから築かれていた城砦をグエン（阮）朝時代の一八〇三年から二〇数年かけて北京にある故宮を真似て大規模に増改築して造られました。ここは一九九三年に「フエの建造物群」として世界遺産に登録されています。周囲には人工的に作られた一辺約八〇〇メートルの正方形の周濠とその内側に高さ六メートル、幅二・五メートルの城壁が巡らされています。正面入口を入ると王宮門（午門）があります。

王宮門（午門）

この門は木造の楼門で、中国の故宮では天安門に当る正面の門です。楼閣はグーフン（五鳳楼）と呼ばれ、国の重要な儀式が行われるときに皇帝がここに上って見下ろすという場所でした。この門は一八三三年ミンマン（明命）帝によって創建され、カイディン（啓定）帝の時代に再建されています。

一九四五年八月三十日、阮王朝最後の皇帝保大帝は、ホーチミン暫定革命政権の代表者に権力を譲って退位しました。現在門の上部中央には、大きなホーチミンの肖像が掲げら

王宮門

王宮門からの眺め

れています。楼上に周囲の階段を使って登ることができます。上から見ると、正方形の蓮池に挟まれた中央に皇帝専用通路があり、その正面に太和殿があります。

太和殿

太和殿《タイフオア》は、一八〇三年に造られた木造建築で、八〇本の漆塗りの柱によって支えられた大広間があります。中央には皇帝の玉座が設けられ、この場所で皇帝の即位式や賓客への接見など重要な宮廷儀式が行われました。建物正面には二層の中庭があり、石の柱に九つの官位が記され、各高官の位置が定められています。

太和殿の奥には土塀が巡らされ、右手には右廡《うぶ》、左に左廡《さぶ》の建物があります。右廡が武官、左廡が文官の控え所でした。

王宮内の建物や施設は、インドシナ戦争、ベトナム戦争によって破壊が進み廃墟と化した部分も多いのですが、現在ではいくつかの建物の修復、復元工事が行われています。ザーロン帝が母親のために一九〇三年に建てた延壽宮は整備の進んだ施設の一つです。

顕臨閣

太和殿の右手にあるグエン王朝の菩提寺です。正面には三層の楼閣を持つ楼門があり、門を入ると歴代皇帝九名の名前を刻んだ高さ一二メートル、重量

大和殿内部

顕臨閣の門

閲是堂

延壽宮の豪華な門

二トンにも及ぶ大きな青銅製の鼎が置かれ、天体や鳥獣などの文様が刻まれています。前庭を挟んで奥にある建物は二層の横長で、黄色の瓦で葺かれた屋根がとても美しいものです。中へは左手端の出入口から入ることができます。ここにも皇帝を祀る祭壇が置かれています。

延壽宮

顕臨閣から王宮の左手奥に行くとカラフルな門があります。ここはザーロン帝が母親のために一九〇三年に建築させた住居の延壽宮です。ベトナム戦争で破壊されましたが、現在では立派に復元されています。しかし広い域内には、まだあちこちに建物の残骸が残されています。

「延壽宮」と看板が掲げられた建物は、組物や装飾彫刻の見られる木造建築です。表側の廊下には豪華な椅子とテーブルがあり、ガラスケースには染付の美しい磁器の花瓶が置かれています。ここに続く建物は蓮池を取り囲むように配置されていて、その一部は土産物の販売店となっています。蓮池の周囲の建物をつなぐ廊下の壁面には歴代皇帝陵の絵図が掲げられています。

閲是堂

王宮内にあるニャー・ニャック（宮廷舞踊）上演の劇場です。王族のための専用劇場で、内部の柱は朱漆に金で装飾を施したきらびやかなものです。左右に五席ずつ座席があり、中二階にも観賞できるスペースが造られています。座席の椅子も贅を尽くしたつくりで、舞台も豪華な仕様となっています。現在もここで宮廷舞踊などが毎日公演されています。この宮廷舞踊はユネスコの世界無形文化遺産に登録されています。

閲是堂の内部

フラッグタワー

王宮の午門の南、フォン川の土手に造られた国旗掲揚のタワーです。横長で三段の台形状の建物です。現在、ポール頂までの高さは三七メートルですが、たびたび台風などの災害に見舞われ破損してきました。現在のものは一九四八年に建造されたもので、一九六八年のテト攻勢の際には二四日間、解放軍の旗が掲げられていたそうです。現在はベトナム国旗が掲げられています。

✿フエ宮廷美術博物館

王宮内の美術品展示のための博物館です。王宮の建物を修復してオープンしました。建物は板張りで、床は掃除が行き届いています。入口で靴を脱いで入ります。一段高い床面に展示品が置かれています。博物館に集められている展示品は、宮廷の品々であるということを感じさせてくれる豪華なものばかりです。

黒檀を使ったガラスケースの中には青銅製の仏具や祭祀用具、あるいは調度品やアクセサリーなどの工芸品が並べられています。精巧な彫刻が施されたものばかりです。朱漆に金色の龍などの吉祥を表した装飾文様のある玉座や御輿、ベッドがあります。これらは、皇帝の権威を示すものとしても重要であったと考えられます。紫檀や黒檀の椅子やテーブルなどの家具には、螺鈿を嵌め込んだ豪華なものも見られます。対の象牙の置物は、その長さが一メートルを超える見事なものです。黒い漆塗りの物入れ用の箱もあります。白地に藍色の植物文様を配した磁器の鉢は、盆栽などの鉢植えに利用されるものでしょう。

フエ宮廷美術博物館

豪華な装飾の玉座

宮中の儀式や祭祀に用いた剣や祭壇の前に置かれる青銅製の花瓶や香炉などの仏具、具足類など多様な宮廷美術に接することができます。金糸銀糸をふんだんに使って文様の刺繡を施した袱紗や袋、宮廷の衣装には見とれてしまいます。青銅製の鐘(鈴)に似た楽器も見ることができます。

公式文書に捺印するための印判も大小さまざまな種類のものがあります。皿、瓶、鉢など青銅製の食器類や祭祀用の祭器も宮廷生活には欠かせない必需品の品々でしょう。さらに「太平興宝」(九七〇～九七九)、「天福鎮宝」(九八四)をはじめとする穴あき銅銭も数多く集められています。

数年前までの建物の改装工事中は、一時的に安定宮で展示が行われていました。しかし、展示品は全く異なっていました。

＊歴史革命博物館

王宮の側面にある博物館です。館の前にはベトナム戦争で使用されたアメリカ軍の戦車や大砲が置かれています。博物館の建物は平屋建ての古風な木造建築で、中央と右の二棟から成っています。

歴史展示館

中央の建物内には、フエ郊外のチャンパ時代の遺跡から出土した土器を中心とする遺物が一括してガラスケース内に並べられています。中央には石造りのリンガ、青銅製の銅鼓が置かれています。中央奥には方形壇の上に石像彫刻を見ることができます。これは九～一〇世紀のチャンパ時代の彫刻作品です。また傍らには同じくチャンパ文化期の石造仏の彫刻が置かれています。さらに周囲のガラスケースには今から二〇〇〇年～二五〇〇年前の土器が集められています。同じくガラスケースには、青銅製の缶や斧先、陶磁器などが並べられています。いずれも出土地と名称、時代などの表記がある程度で、遺跡についての詳細な解説は見られませんでした。展示物は、時代、材質などとくに統一されたものではないようです。

歴史革命博物館

革命展示館

二棟のうち右手の建物が革命に関する歴史展示を行う博物館です。皇帝が王権を返上して退位するという歴史的な事件をジオラマで展示しています。

博物館前の広場には、ベトナム戦争で使用されたアメリカの戦闘機やヘリコプター、ベトナム軍のミグ戦闘機、戦車や迫撃砲などの大砲の実物が展示されています。これらを見ていると、軍事博物館のようにも見えます。

✿安定宮（旧臨時宮廷美術博物館）

本来は王宮地域内に宮廷美術を収集、展示する施設があるのですが、改修工事中のため一時的に安定宮内の建物に移動していたことがあります。

この建物はカイディン帝が建設した離宮でした。またバオダイ帝が即位するまでここに居住していました。市街地の一

安定宮

歴史革命博物館の野外展示

角にあり、道路から入ると大きな方形の人工池越しに宮殿が目に入ります。池に沿ってしばらく歩くと広い石畳の広場が広がり、鉢に植えられた植木があちこちに置かれています。石畳に続いて左右に長方形の建物がありま す。平屋で壁面は黄色に塗られています。左手の建物の正面には大きな釣鐘が鐘架けに吊るされて左右対で置かれています。

建物の入口は側面にあり、ここが臨時の宮廷美術を展示する博物館として使用されています。内外の壁面は黄色で統一されています。壁面及び中央部には木製のガラスケースが配置され、中には琺瑯容器、陶磁器、仏具、金銀、宝石などがちりばめられた装飾品など豪華な宮廷美術品を見ることができます。

臨時宮廷美術博物館

安定宮は、この臨時の博物館のさらに奥に位置しています。三階建てのコンクリート製の建物がかつての離宮だった部分です。壁面のペイントがところどころ剥げ落ちています。建物の裏手に回ると全く異なる風景が開けます。カラフルな門と宮殿との間にある塔屋は、細かで豪華な彫刻の装飾が見られる、いかにもベトナムらしい様式の建物です。

建物の中で見られる壁画はいずれもプリントではなく手書きで描かれているようでした。ただ色彩豊かな植物文様の壁画も、長い年月の間に色あせや剥落などが進行しています。入口を入ったすぐのロビーには壁画とともに風景画が掲げられています。描かれているテーマはいずれもベトナムの風景で、一九世紀のベトナム人画家の作品です。部屋の壁面や天井、床面には装飾文様が描かれています。内部の部屋数も多く、用途、目的によって部屋が分かれています。

✻ホーチミン博物館　Museum of Ho Chi Minh

ベトナム各地にあるホーチミンを顕彰する博物館の一つで、三階建ての淡いピンク色の近代的な建物です。

中心には金色の雲を背景に、両側にはベトナム国旗を配置したホーチミンの銅像があります。さらにホーチミンの大統領時代の家をジオラマで復元して展示しています。そのほか彼の生涯、業績を写真パネルで示しています。銃器類が中心に展示されていますが、そのほか実物資料は多くありません。

ホーチミン博物館

✻ティエンムー寺（霊姥寺）

フォーン川に沿った小高い丘の上にある一六〇一年の創建の寺院です。十数段の階段を上ると高さ二一メートルの七層の八角形の塔がそびえています。各層の中央には仏像が祀られています。この塔は別名を慈悲《トゥニャン》の塔と言うそうです。さらに八角塔の右手には、大きな銅製の鐘が収められた建物があります。この鐘の音は遠くフエの市内まで響くそうです。

中門をくぐると、その奥中央に本堂の建物があります。ここには釈迦如来が祀られています。境内の最奥には人口池があり、中心に供養塔が建てられています。

境内の左側の建物に中型の乗用車オースチンが置かれています。ベトナム戦争時の一九六三年、この寺の住職が南ベトナム政府の仏教弾圧に抗議して焼身自殺を図りました。その時に市街地まで乗っていったのがこの車です。当時の写真パネルも掲げられています。住職は、この建物で手厚く祀られています。

ティエンムー寺の八角塔

石　塔

住職が乗ったオースチン

✻ファン・ボイ・チャウ記念館

ヨーロッパ列強の植民地化が進む中で、一九世紀のベトナムはフランスの植民地政策の圧政で苦しんでいました。日露戦争での日本の勝利は、ベトナム革命組織に力と影響を与えました。

ファン・ボイ・チャウは革命組織の維新会の代表として、ベトナムの窮状を訴え武器の援助を求めるため日本に密入国します。大隈重信や犬養毅に面会して協力を求めたのですが、思うような援助は受けられませんでした。それでもファン・ボイ・チャウは、「遊学を勧むる文」「ベトナム亡国史」などを著し、祖国ベトナムに送り続けます。これに影響されベトナムから次々と留学生が日本へやってきました。一九〇八年には二〇〇名を数えたとあります。この運動は「東遊運動」と呼ばれています。

これに対しフランス政府は、日本に対して反仏勢力の排除を求め、日本政府は一九〇八年留学生解散命令を出しました。ファン・ボイ・チャウは多くの留学生を抱えて経済的にも行き詰まります。この窮地を救ったのが浅羽佐喜太郎でした。ファン・ボイ・チャウからの窮状を訴える手紙を受け取った浅羽は、温情ある言葉と現金一七〇〇円を送りました。

一九〇九年にファン・ボイ・チャウは国外退去を命じられるのですが、この時小田原の浅羽の家を訪問し支援の礼と別れを告げます。

ファン・ボイ・チャウ記念館

孫にあたる女性の案内で展示を見る

一九一八年、ファン・ボイ・チャウが再び来日し、浅羽を訪ねました。しかしすでに浅羽は他界していると知らされます。そこで、ファン・ボイ・チャウは浅田の恩に報いるため、静岡県浅羽町の常林寺に記念碑を建てて感謝の意を表しました。

このファン・ボイ・チャウを記念するための施設が居宅のあるこフエに建てられてい

ます。現在でも親族が居住しており、訪問時には孫にあたる女性が案内してくれました。敷地内には記念碑のほかに墓地があり、ファン・ボイ・チャウ夫妻と家族が埋葬されています。

✻ミンマン帝廟　世界遺産　Minhmang's Tomb

フエの市街地から一二キロメートル離れた香江の西岸にあります。一八二〇年から一八四〇年まで在位したミンマン（明命）帝の廟です。帝自身が設計したものを、跡を継いだティエウチ（紹治）帝が一八四一年から四三年にかけて建造しました。

この廟は中国様式で造られており、複雑で細やかな彫刻の装飾はすばらしいものです。廟の周囲は土塀で囲まれ、三つの門が付けられています。中央の正門はミンマン帝が亡くなった時に使用されただけで、現在も閉ざされたままです。見学者はその左手の門から入ります。門の内側には広場が設けられ、両側に文官、武官、象、馬、麒麟などの石の彫像が建てられています。この広場に続いて、帝の功績を刻んだ石碑を中央に配した石柱殿があります。

ミンマン帝廟

この建物から参道を歩くと、さらに立派な門があります。顕徳門と名付けられており、壁面には極彩色の文様が施されています。中央の扉は閉ざされており両側の入口から入ります。門を入ると左右に建物があり、左手の建物は一八四三年に建てられたものです。正面にある二階建てのような崇恩殿の中には皇帝と皇后の位牌が収められています。

さらに奥へ行くと、高い石垣の基礎の上に明楼と呼ばれる二層の楼閣が建てられています。明楼と崇恩殿の間にある長方形の池には三つの石橋が架けられています。その奥に、松が青々と茂る丘があります。ここに帝が埋葬されたといわれています。いずれにしてもこの帝廟は、周囲に池を巡らせ、所々に小屋のような建物を配置したまるで庭園のような景観を示しています。

✾トゥドゥック帝廟

世界遺産

Tuduc's Tomb

フエ市街地から南に五キロメートルのところにあります。トゥドゥック（嗣徳）帝は一八四八年から一八八三年までの期間在位しました。グエン王朝の中で最も在位期間の長い皇帝でした。この廟は一八六四年から六七年にかけて建設工事が行われましたが、莫大な建設費が原因で一八六六年にはクーデターが計画されたほどでした。トゥドゥック帝は一〇四人もの妃をも

崇恩殿

崇恩殿の内部

トゥドゥック帝廟謙宮門

帝の従者を表わした石像も小型

釣り殿

ち、贅沢三昧の生活を送ったとされます。しかし後継者となる子供は授かりませんでした。

入口を入ると右手に湖が広がっています。湖内には島があり、木々が茂っています。その島はトゥドゥック帝が小動物を放して狩猟を楽しんだところです。池に面して釣り殿があり、そこから釣りも楽しんだそうです。その先のスンキエム殿では詩歌作りを楽しんだそうです。池の反対側には広い階段があり、謙宮門と掲げられた門があります。この門は三つの出入口がありますが、中央の出入口は帝の専用で、現在は閉ざされています。門の奥には帝と皇后ティエン・アインを祀ったホアキエム殿があります。

この建物は、帝らの長期滞在用の宮殿として建設されたものです。帝と皇后の玉座がありますが、小さいほうが帝の席でした。帝の身長は一五三センチと小柄だったのです。このため帝の従者を表わしたとされる石像も、ほかの皇帝の陵墓の石像と比較すると小型です。

池に沿ってさらに奥に行くと左手に帝の功績をたたえた石碑が建てられています。さらにその奥に周囲を塀に囲まれた場所があり、中央に長方形の棺が安置されています。しかし帝の実際の埋葬場所はここではないと考えられています。帝の遺体は、同時に埋められたと見られる多くの財宝とともに不明です。これは、盗掘を恐れたため埋葬に関係した二〇〇人あまりの従者を殺害したからだということです。

廟の敷地内には、美しい青々とした松林が続いています。木陰がたくさんあり、散策には最適な場所といえます。

✽カイディン帝廟　世界遺産　Khaidinh's Tomb

フエの市街地から一五キロメートルの郊外にある丘陵の中腹に廟所があります。少し離れて水田越しに臨むと、この陵墓が丘陵部を取り込んで造られていることがよくわかります。

カイディン（啓定）帝は一九一六年から一九二五年まで皇帝の地位にありました。この帝廟はフランス植民地時代の一九二〇年に工事が開始され、帝の死後六年を経た一九三一年まで一一年間をかけて完成しました。建物はコンクリートで造られていて、ヨーロッパの様式とベトナム様式の折衷形であることがわかります。

カイディン帝廟

象、武官、文官などの石像

三列で構成される長い石階段をのぼると、門柱があり、上部には龍の装飾が彫られています。門柱をくぐると平坦なテラスが広がっています。両側には象、武官、文官などの石像が建てられています。帝の死後もその身辺を警護し、仕える官吏を表わしています。

中央奥には楼閣がそびえ、そこからは両側の階段をのぼることになります。やがて本殿が目の前に広がります。横長のコンクリート造りの堅牢な建物で、正面には両側を龍の欄干で囲った石段が設けられています。この石壇に続く三つの扉は閉じられており、見学者は側面の出入口から入ります。扉の屋根には龍の文様が透かし彫りされています。

内部は三室に区切られています。最初の部屋には金箔で覆われた正装の等身大の皇帝のブロンズ像があります。この像の下に帝の遺体が埋葬されているとのことでした。また啓正殿には帝の写真が置かれた祭壇があり、その前には大型の香炉が置かれ、天井には龍が描かれています。

カイディン帝のブロンズ像

壁面や天井の装飾は陶磁器やガラス瓶の破片が貼られ、さまざまな色に輝いていました。近づいてみると、花鳥文様を描くように瓶や陶磁器の破片を貼ったものです。壁面に張られているガラス片の中に、アルファベットで「SAKURA」(さくら)と書かれた、濃い茶色のビール瓶の破片とみられるものがありました。これは日本のビール瓶のようですが、注意深く見ないと見落としてしまうかもしれません。目を凝らして探してみてください。

一番奥の部屋には、帝が愛用した品々や各国から贈られたガラス器や時計、陶磁器などが展示されています。ここは帝の生前を偲ぶ記念館としての役割を果たしています。一九二四年、カイディン帝四〇歳の誕生日に贈られたものとして、文字盤の両側に神像を配した時計、中国に発注して造らせた大型の染付の花瓶が展示されています。

✿ティエウチ帝廟　世界遺産　ThiEutri's Tomb

フォーン川の東側に造られた第三代皇帝ティエウチ（紹治）の廟です。皇帝崩御の翌年の一八四八年に二男トゥドゥック帝の命令によって造られたものです。陵墓は帝の遺言に従って小さく造られました。歴代皇帝の陵墓の中で塀を巡らせていない唯一の帝廟です。

ほかの帝廟と同じような様式で造られてはいますが、建物などは壁が抜け落ちたり、屋根瓦が落ちたりという状況で、荒れて痛々しい姿を呈しています。現在修復作業が行われているようですが、ほかの帝廟が整然と整備されているのに比べると、かなり残念な状態といえます。

荒れたままのティエウチ帝廟

ダナン

ダナンはベトナム中部に位置しています。ダナン市は面積一二五六平方キロメートル、人口約八九万人の大都市です。一六世紀グエン（阮）王朝時代、首都はフエに置かれ、主要な港はホイアンでした。しかし一八世紀に入ると、上流から運ばれた土砂の堆積によってトゥボン川河口のホイアン港は使えなくなり、代わってダナンが港として発展していきます。そして一八三五年、グエン王朝の明帝はすべてのヨーロッパ船に対しダナン港に入港する勅令を発したことから、ベトナム中枢の港となりました。一八八九年、フランスのインドシナ総督府はダナンを直轄地とし、名前もトウーランと変えました。その後、造船業などの発展により南部のサイゴンと並ぶ国際貿易港として発展しました。

一九六五年のアメリカ海兵隊の上陸、一九六八年のベトナム民族解放戦線によるテト攻勢などを経て、ベトナム戦争終結後は、港湾、空港などの整備が進み、製造業などの産業も大いに発展し、ダナンはベトナム有数の産業都市になっています。

✾チャム彫刻博物館✾　✾ハイヴァン峠
✾ダナン歴史博物館✾　✾五行山
✾ホーチミン博物館✾

✻チャム彫刻博物館

この博物館はダナン市街地の一角、混雑する大通りの角にあります。フランス・コロニアル風の二階建ての建物で、壁は黄色に塗られています。一九一二年にフランス極東学院によって創設されました。ここには、チャンパ遺跡から出土したチャム族に関する石像彫刻が多数集められています。

チャム族の残した彫刻芸術に特化した博物館ですが、世界的にも有数のヒンズー教彫刻の石造コレクションがあります。チャンパ王国は地理的に見れば交通の要衝にあり、アジア各地の芸術様式が取り込まれていますが、彼ら独自の文化も育んできました。彼らは基本的には農耕民ですが、航海技術にも長けており、海洋民の特徴も兼ね備えていたとされています。

初期チャンパ芸術は木造の作品であり、インドの影響を受けたと考えられています。七世紀以降、彫刻は石像、とくに砂岩が主たる材料となります。石造彫刻は一五世紀まで継続して発展しました。その変遷は大きく一〇の様式に分類され、この博物館で分類展示されています。

まず七世紀は早期チャキュウ様式で、砂岩製の作品が最も古く大量に残されています。一階展示室の中央に置かれた壮大な祭壇の周囲には踊る女性像などの彫刻作品があります。その題材は叙事詩『ラーマーヤナ』からのもので、シータ妃とラーマ王子の婚礼の様子が多く描かれています。

八世紀にはアンミー様式、八～九世紀にはミーソンＥⅠ様式となり、この時期の正方形の祭壇はミーソン遺跡から出土したもので、側面には笛を吹く、ハープを奏でる、舞踊するというような、動きのある人物像が見ら

チャム彫刻博物館

壮大な祭壇

ブロンズ神像

れます。

九世紀末～一〇世紀初頭はドンジュオン様式で、この様式の彫刻が多く展示されています。この時期の作品にはブロンズ神像やドヴァンパーラ門衛像などがあります。門衛像は左右対で門を守衛する像で、ドンジュオン遺跡からの出土品です。この時期の彫刻作品はチャンパ芸術の最高峰とされています。クォンミー様式は一〇世紀初頭からのもので、クォンミー遺跡出土遺物にレスリングをする姿の彫刻があります。この時期からチャンパ芸術はインドネシアやカンボジア・クメール芸術の影響を受けたとされています。

一〇世紀末はチャキュウ様式で、チャキュウ遺跡出土の基台彫刻があり、その側面には笛を吹く楽師、動物像などがあり、より軽やかな美しさを求めていく傾向が見られます。

一一世紀末にはチェダン様式があります。この時期は王国が困難に直面しており、チャンパ芸術も危機的時期に入ります。この時期の作品には、チェダン遺跡の主祠堂東面基壇の彫刻、戦闘場面の像が知られています。

一二～一四世紀にはタップ・マム様式が生まれます。この様式の彫刻群はタップ・マム室で見ることができます。タップ・マム遺跡出土のガジャンシンハ象頭獅子像やキンナラ（半人半鳥の踊り子）像や、蛇を食するガルーダ像などがあります。とくに動物像は大型の作品が多く、精緻なのですが、やや単調にも

二階展示室

ガジャンシンハ象頭獅子像

感じられます。一二、一三世紀頃とされている祭壇装飾には美しい蓮華文様を見ることができます。

一四、一五世紀ではヤーン・マム様式、一六世紀にはポー・ロメ様式があります。ヤーン・マム様式ではコン・シム遺跡出土のシヴァ神像があり、ポー・ロメ様式では一六世紀以降のポー・ロメ遺跡出土の主祠堂の鏡板装飾があります。一四七一年にはチャンパ城は陥落し、領土も南へと狭められていきます。金色の作品は人物像の細部や装飾は省略されています。過去にみられた特徴は失われているといえるでしょう。

二階展示室では、仏壇や石器時代の青銅製の武器、青銅製の銅鼓、陶磁器、家具調度品など、一階の石像彫刻とは全くジャンルの異なった芸術作品が展示されています。青銅器時代の遺物は一つの額に嵌め込まれて壁面に架けられています。ベトナム各地で見られる銅鼓と銅缶はガラスケースに入れられています。かつての農家の日常生活の様子を伝える明器は漢時代の遺物と見てよいでしょう。このほか神像が祀られた祭祀壇が二か所あります。派手な装飾は、中国の習慣を踏襲しているからでしょうか。豪華な装飾を伴った輿も置かれています。一階の展示品に比較してやや統一にかける感がありますが、石像美術とは異なる工芸品の美を見るチャンスです。

この博物館はチャム族の芸術作品を一堂に集めて展示している施設であり、チャム彫刻の歴史的な展開過程について実際に遺物を前に観察できる貴重な体験ができます。また石造彫刻にさほど関心がなくても、時代の異なるチャム彫刻を見ることができるので十分に楽しめるものでした。

✽ダナン歴史博物館

この博物館のある場所は、かつてグエン（阮）朝のザーロン帝の時代、海防のために建設された監視用の施設でした。ディエンハイ城と呼ばれ、一八一三年に、周囲に煉瓦つくりの強固な城壁を巡らせたダナン湾を守護する城になりました。周囲を見渡すと、城の建物は見られませんが、城を防備する大砲がいくつかあるのが確認されます。

博物館は改修工事の後、二〇一一年四月に開館しました。博物館には約二五〇〇点の収蔵品があります。展示フロアは一階から三階まで、合計三〇〇〇平方メートルの広さを有しています。展示内容は、ダナン地域の自然科学分野から社会の歴史まで広範囲に及んでいます。苦渋に満ちた革命運動の歴史、アメリカとの戦争、ダナン地域の民族的な資料なども展示されています。

ダナン歴史博物館

自然科学の分野では、ダナン湾とその周辺の水中の生物（たとえばサメ）や地域の特徴的な鉱物資料（ローズクオーツや金鉱石など）が集められています。また薬品の水槽に入れられている実物資料や植物標本など多種多様な自然の生物が展示されています。

次のコーナーは「海の人々と港の歴史」です。ここには木造の小型帆船やジャンクと呼ばれる伝統的な船の模型が展示されています。このほか、ダナン地域の漁民に伝わる船と海に関する伝統儀礼を再現したジオラマがあります。三人の祭祀の担当者が祭壇に向かって三方向から祈っている姿が見られます。

先史時代のダナンの歴史資料のコーナーでは、発掘調査風景のジオラマがあります。調査で丁寧に土器を掘り出している考古学者が表現されています。ここには、石器時代の石斧などの道具類をはじめ、サーフィン文化期の蓋付甕棺、青銅器時代の鋒などの武器類、ブレスレットやネックレスなどの装飾品類、漢時代の青銅製品、九～一一世紀の素焼きの土器などの遺物があります。

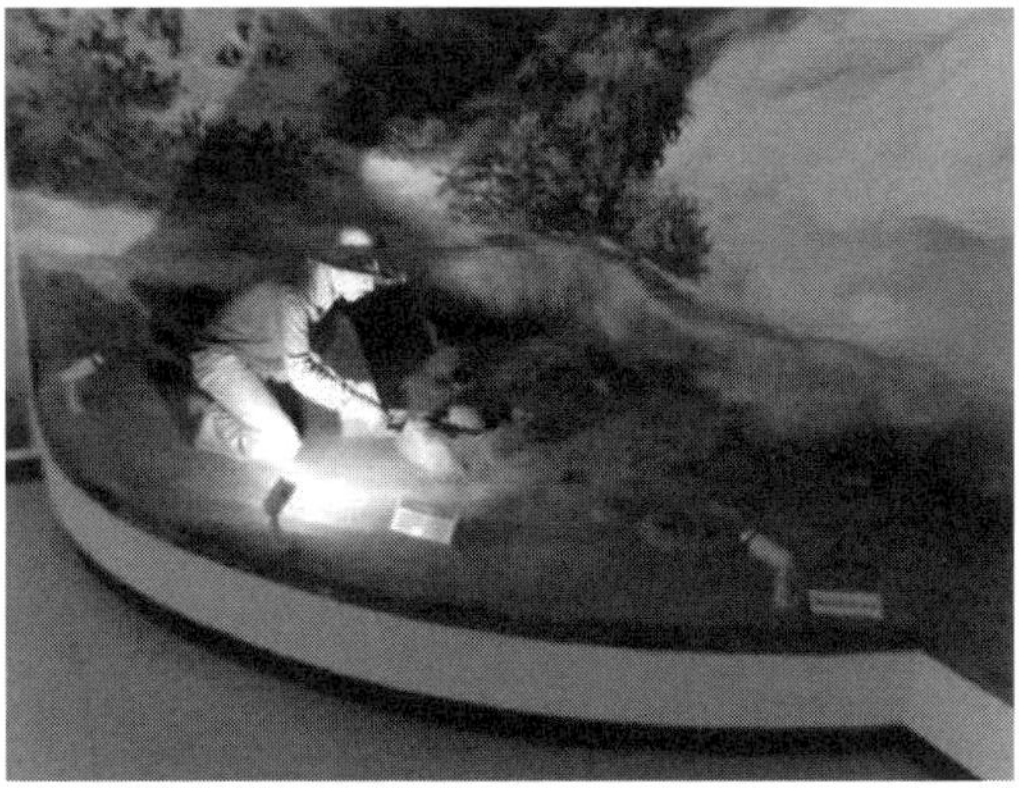

発掘調査風景のジオラマ

古美術品のコレクションでは、一五～一七世紀の染付の陶器の皿や壺があります。焼成途中で焼き物が溶着した失敗品もあります。これらはこの地域で生産されていたもので、ベトナム窯業史の資料として重要でしょう。

仏教文化の作品も仏像、仏具などが集められています。青銅製の半鐘はツバン寺院のもので一九世紀の作品とされています。

一九七五年以前のダナンの風景写真は、かつてのダナンの街の様子を知る重要な手掛かりです。バイクや人力車など当時の人々の交通手段の一部も展示されています。

「統合と革命」と題されたコーナーでは、ダナンの歩んできた苦難の歴史が紹介されています。フランスの統治、やがてアメリカの進駐、さらに解放という歴史を写真やイラスト、実物資料を使って解説しています。フランスとの関係では、一九四六～一九五四年までの生活の様子やレジスタンスの基地のジオラマなどが見られます。アメリカとの抗争では、ロケット砲が据えられた前線基地のジオラマや戦争で使用された爆弾が、当時の写真とともに展示されています。とくにアメリカや南ベトナム軍が使用した殺戮用の爆弾は目を覆いたくなります。大砲の破片などで作られたモニュメント「戦争と平和」には何とも言えない虚しさを感じます。ただこれらの弾の破片を組み合わせて、一つの彫刻作品のようにオブジェを造り出しているのがわずかな救いかもしれません。ナパーム弾やクラスター爆弾が使用されたことを示すコーナーでは、思わず目を覆いたくなります。

伝統的な民俗資料の展示コーナーでは、米作りに必要な耕作道具や脱穀用具、例えば犂や碾き臼など日本でもかつてはよく見られた農具が並べられています。一方、漁業、漁撈で使われた漁具も見ることができます。魚を捕る竹製の仕掛けや投網などのおなじみの道具があります。ここでは女性がコメの菓子を作る様子や独特の魚醤の制作風景などのジオラマも楽しむことができます。

ダナンとクオンナムの文化を紹介するコーナーでは、胡弓とマンドリンの中間のような弦楽器をはじめ角笛に似た笛などの民族楽器や伝統的な住居を再現した姿を見ることができます。「厚発堂薬行」と看板が掲げられた店のジオラマは漢方薬を商う店先で客の応対をする店員の姿が生き生きと再現されています。

三階までの各フロアで展開される展示は、ダナン地域を理解するための有効な情報を提供しており、展示にアクセントを与えているジオラマも効果的です。

祭祀のジオラマ

✾ホーチミン博物館　Museum of Ho Chi Minh

ベトナム各地に作られた、ホーチミンの生涯を展示する博物館がダナンにもあります。中国製、ソ連製の兵器が多く並べられた軍事歴史博物館と同じ敷地に建てられており、裏庭には戦車や戦闘機の実物が野外展示されています。

軍事歴史博物館の奥に大きな人工池があり、その池を望む位置にハノイにあるホーチミンの家が全く同じスケールで建てられています。ホーチミンの執務室の机や家具、寝室のベッドなどすべて忠実に再現されています。ハノイにある本物の家は廊下越しにしか内部の見学ができませんが、ここでは実際に中に入ることができます。ハノイよりも見学者も少なく混み合っていないのでゆっくりみることができます。ただし寝室や書斎などには、ハノイ同様入れません。

池をはさんで対岸に位置する白亜の建物の博物館は中央に階段があり、それを登ると館内正面にベトナム国旗に囲まれたホーチミンの銅像があります。内部はいずれもホーチミンに関係する写真と遺品の展示で、ハノイ、ホーチミンなどの博物館と同じような内容です。

ホーチミンの家のレプリカ

ホーチミン博物館

ダナンとフエの間にある標高六〇〇メートル程の峠です。大きな自然の岩に文字が大きく刻まれています。おそらく峠の名前を刻んでいるのでしょう。

✻ハイヴァン峠

ハイヴァンの名称の由来は「ハイ」がベトナム語で海を、「ヴァン」は雲を意味し、その自然景観からつけられたようです。この峠を境に気候が大きく変わるといわれています。峠からは、どこまでも青い海と長く続く白い海岸、さらに緑の木々の林という素晴らしい景色が堪能できます。ちょうど眼下の林の中を鉄道が通っているのが見えて、鉄道のジオラマを見ているようでした。しかし、ガイド氏によると、濃い霧に覆われていることも多く、このように見晴らせたのはラッキーとのことでした。観光客目当ての土産物屋があり、観光客の姿を見つけると売り子たちが群がってきます。

ハイヴァン峠の砦

峠の尾根には一九世紀初頭に建設された砦の建物が残されています。周囲を山に囲まれた要害の地だったことから、ここに砦が設けられたのでしょう。ベトナム戦争当時設けられたコンクリート製のトーチカが残されています。銃を固定させた銃窓が北の方向に向かって開いており、不気味な雰囲気を漂わせています。

フエからダナンの間には、二〇〇五年に東アジアで最も長いといわれるハイヴァン・トンネルが開通しており、両地間の移動時間が約四〇分短縮されたそうです。このためこの峠を越える機会は大幅に減っているとのことでした。

ハイヴァン峠から北方向に進むと、やがて白い砂と椰子の林が続く風景が目に入ってきます。ここはランコーと呼ばれる漁村です。この南国情緒の豊かなビーチは、かつて王族たちの避暑地であったそうです。我々も沿道のコーヒーショップでしばしの休憩をとりました。

✤五行山

ダナンの市街地から車で約一五分も走ると、五行山のふもとに到着します。トゥイーソン山、モックソン山、キムソン山、トーソン山、ホアソン山の五つの山から成っています。この中でもっとも高いのがトゥイーソン山で標高は一〇六メートルほどです。この五つの山は火、水、木、金、土の宇宙を構成する五つの要素がそれぞれ名付けられています。いずれも大理石でできている山なので「マーブル・マウンテン」とも呼ばれています。かつては一つの山を形成していたのではないかと考えられています。

中心的な山がトゥイーソン山で、この山の側面には垂直にエレベーターの塔屋があり、中腹まで上ることができます。入山料込みのチケットを購入してエレベーターに乗ります。最初の寺院がタムトン寺です。次にタムタイ寺があります。この寺は阿弥陀如来像、観音菩薩像が祀られています。その次にホアギエム寺があります。これらの寺は大理石の階段で結ばれています。奥には洞窟があり、仏像が祀られています。ここでは、アメリカ軍による爆撃の痕が見られます。天井が

五行山のエレベーター

五行山頂の寺塔

崩れた洞穴は、その穴から明るい太陽光線が差し込み、かつてのほの暗く厳粛な雰囲気は失われてしまったようです。白い大理石を刻んだ仏像が随所に置かれ、その前で花を手向け熱心に礼拝する人々の姿が見られます。

山のふもとのノンヌォック村は大理石の加工が盛んで、テーブルや椅子などの大型家具や、二メートルはあろうかという大きな仏像をはじめ麒麟や龍など伝説上の動物の彫像、建物の壁面を飾るレリーフ板などが製作、販売されています。

ホイアン

ホイアンは、ベトナム中部トウボン川の河口に広がるチャンパ王国以来の歴史ある港湾都市です。近年の調査によって、この地域には北部ベトナムとつながりの深いサーフィン文化に属する人々が住み始めたことが明らかになっています。

一六世紀に入りチャンパ王国は南に移り、阮氏の政権が樹立されるとともにその外港として発展することになります。ホイアンの名称はこのころに成立したと考えられています。一八世紀後半以降はポルトガル、オランダ、中国、日本から人々が来航し、国際貿易港として発展しました。一八〇一年に阮氏は徳川家康に書簡を送り正式な国交を求めたことから、以後約三〇年間の朱印船貿易が行われました。この頃、ホイアンには日本人町や中国人街などができています。さらに一六二三年にはオランダ東インド会社の商館も置かれて大いに繁栄しました。

しかし、江戸幕府の鎖国政策に伴い日本人の往来は途絶えました。オランダの東インド会社の商館も一六三九年には閉鎖され、さらに一七七〇年には西山（タイソン）党の乱によって町は壊滅的な打撃をこうむります。やがて再建され一九世紀まではその姿を歴史にとどめています。しかしホイアンと外海を結ぶトウボン川の底に泥が堆積し、貿易港としての役割が果たせなくなり、港の機能はダナンに移りました。以後ホイアンは急速に衰退し、かつての姿は失われていきました。

ホイアン旧市街【世界遺産】✽
屋根付日本橋（来遠橋）✽
サーフィン博物館✽
貿易陶磁博物館✽
澄漢宮✽
ホイアン歴史文化博物館✽
タンキーの家✽
フンフンの家✽
福建會館✽

✽中華會館
✽廣肇會館
✽タンハー陶器作りの村
✽ミーソン【世界遺産】
✽チャム族伝統芸能公演施設
✽ミーソン遺跡
✽ミーソン遺跡展示館
✽シンガープラ遺跡

✽ホイアン旧市街 世界遺産

ホイアンは二世紀からチャンパ王国の港として一〇世紀ころまで栄えました。文献には貿易船に対する食料の補給基地であったことが記録されています。

一四世紀には戦乱で混乱が続きましたが、一五世紀には平和が訪れ、日本、中国、オランダ、ポルトガル、インド、フィリピン、フランス、イギリスなどの貿易船が織物、陶器、お茶、象牙、漢方薬、コショウ、紙などを求めてホイアンにやってきました。日本の商人の一部はこの地に住み、日本人町を造りました。しかし一六三七年以降、江戸幕府の命令により海外渡航が禁じられ、鎖国時代に入ったことから、日本人の往来は絶えてしまいます。

一方、中国人がベトナムに最初に定住したのはこのホイアンであったとされています。現在のホイアンの人口約一七万人のうち一三〇〇人余が中国人だそうです。

現在残されている市街地の家々は、かつての姿をそのままに、店舗として使用されています。ベトナムの民族衣装であるアオザイの仕立屋やその素材となるカラフルな織物をはじめ、漢方薬、香料、土産物などの店や飲食店が軒を連ねています。

一九九九年に「ホイアンの古い町並み」としてユネスコの世界遺産に登録されました。

ホイアン市街地の見学には、チケットを購入する必要がありますが、市街地の各所にチケット売場があり便利です。

ホイアン

✻屋根付日本橋（来遠橋）　Japanese Bridge

一五九三年に建てられた屋根付の木造の橋です。この橋は形態的な特徴から、ホイアン在住の日本人によって造られたと考えられています。かつてはこの橋を境として東側（市街地内側）に日本人町、西側（外側）に中国人街があったとされています。二つの町の間を結ぶため、川にこの橋が架けられたようです。橋の両側には犬と猿が対で置かれ、まるで神社の門を守護する狛犬のようです。

橋は中央が車道、両側が歩道と区分されています。車道部分はせいぜい荷車やバイクが通れる程度で、現代の車社会には適応していません。橋の床面の板の切れ目から川の水が見え、ギョッとします。柱は朱色に塗られており、緑色に縁取りされた窓あります。橋の中央には祠堂があり、神像が祭壇に置かれています。天井には赤い提灯が吊り下げられ、赤い塗料でカタカナでホイアンの別名であるファイフォと書かれています。

橋の両側にある
犬と猿の像

屋根付日本橋（来遠橋）

✿サーフィン博物館 Museum of Sa Huynh Culture

ホイアン旧市街地の黄色い壁の建物の一つが、この地域の先史時代に栄えたサーフィン文化の遺物を展示する博物館として公開されています。博物館は二階建ての古風な建物で、入口に博物館の看板が出されていないと、ここが博物館であると気づかないでしょう。

展示は、道路に面した建物と奥の建物の一階フロアで行われています。とくに観覧順路の案内はありません。ホイアンを中心としたサーフィン文化の遺跡分布図の大きなパネルや発掘調査中のカラー写真のパネルなどが掲げられていますが、解説文はきわめて簡単なものだけでした。パネルの前には、正方形のケースに縦長のやや大きな壺、甕型の素焼きの土器がそれぞれ一つずつ収められて展示されています。入口に近い中央ケースの高さ一メートルに近い大型の甕が目立っています。これは弥生時代の日本の甕棺と同じように使われていたのではないかと考えられます。これらの壺、甕が入れられたケースは、遺物の大きさの割には小さく、なんとなく窮屈な感じがします。

奥の壁際に置かれた横長のガラスケースは内部に三段の棚があり、小型の鉢や皿、壺型の土器が置かれています。いずれの土器も破片を接合し石膏で補填されているため、土器そのものの土色のほかに石膏の白が目立っていますが、これは復元遺物である以上やむを得ないものでしょう。

このほか、サーフィン文化の遺跡からの出土品である青銅や鉄製の斧など

展示室

サーフィン博物館

の農器具や槍先などの武器がありますが、いずれも錆がひどく痛々しい限りです。また道具類ばかりでなく、装飾品の出土もしています。青や赤い玉で作られた首飾りや腕輪などを見ることができます。
パンフレットやガイドブックは販売されていませんでした。

✻貿易陶磁博物館　Museum of Trading Ceramics in Hoian

ホイアンの旧市街地内にある旧家を利用した博物館です。館の前には立派な博物館の看板が置かれています。かつてホイアンが東西貿易の拠点であった頃の重要な交易品の一つであった貿易陶磁に特化した展示を行っています。

入口を入ると長さ一メートルほどの大きな帆船の模型があります。ホイアンの港に入港し、商業活動を行っていた頃のものです。この帆船模型を中心に両側の壁面にはさまざまなパネルが掲げられています。

貿易陶磁博物館

中国大陸を東西に貫く陸のシルクロードに対し、「海のシルクロード」とも呼ばれる中世以来の海上交易の交易路を示した地図が掲げられています。そこには日本や中国からベトナムへの航路をはじめアフリカの南端喜望峰を通る航路なども示されています。貿易船で運ばれたと考えられる陶磁器の図も添えられていますが、残念ながらあまり詳しいものではありません。この地図の下には横長のガラスケースが置かれています。中には中国から輸入された青花、青磁、白磁などの皿や鉢、椀などの製品や破片が並べられています。これらはいずれも白地に藍色の文様を施した染付けあるいは青花と呼ばれる磁器や、文様を刻んだ青、白などの磁器製品です。

中国製品ばかりでなく、現在の佐賀県有田地域で作られ伊万里港から輸出された日本の陶磁器の破片も展示されています。かつて海を渡って交易した日本人によってもたらされたものもあるでしょう。いずれも江戸時代初期の鎖国政策が始まる以前の製品が多いようです。

展示されている陶磁器には沈没船から引き揚げられたことを示す、貝殻が付着しているものも多く見られます。引き揚げる際に破損したものも見られます。また、東南アジアからの香料などと交換に中国から輸入されたと見られる磁器があります。さらに、カンボジアのクメール陶器、タイの陶器をはじめ、地元ベトナムの生産と考えられる土器や日常雑器として使われたと見られる陶器もあります。

展示施設の家屋もまた伝統的なホイアンの建物です。床の敷きタイルの文様などにかつての繁栄の様子が偲ばれますが、全体としては経年の痛みが目につきます。

✾澄漢宮

ホイアンの歴史文化博物館の前にある建物です。一六五三年に建てられました。「澄漢宮」と看板が掲げられています。中央の門には色あざやかに雙龍が描かれています。その両側が入口です。中央に祭壇が設けられ花が供えられています。祭壇の左右にガラスケースに入った馬がありますす。天井から中国独特の巻線香が吊り下げられ、心地よい香りが漂っています。ここは中国の英雄である関羽を祭神としているためか、祭壇両側には槍などの武器が多く飾られていました。

澄漢宮

堂内の奥、右手には歴史文化博物館に通じる入口が開かれています。

✻ホイアン歴史文化博物館
Hoian Histry & Culture Museum(Chua Quan Am)

ホイアンの歴史文化に関する資料を収集展示する博物館です。観音寺と呼ばれる寺院の建物に間借りする形で歴史文化博物館を開設しています。クアンコン廟のすぐ裏側にあります。寺院であった名残りで、中央奥に祭壇があり、その前には机と椅子が配されていますが、訪問時には参詣者はいませんでした。

展示室

展示は、先史時代の土器や石器が並べられています。先に見たサーフィン文化時代のものも含まれているようですが、解説はほとんどありません。半鐘のような青銅製の大きさの異なる鐘が四個置かれています。さらに屋根の軒先瓦、組物や彫刻を施した建築装飾品、小型の石製狛犬などが置かれています。また日本の染付と寛永通宝がケースに展示されています。

ホイアン歴史文化博物館

反対の出入口側には、青銅製の鉄砲などの銃器があります。さらに側面に一八八五年の干支年号の刻まれた箱の底部に足を付けた土製枡、大きな天秤棒四本や大きな分銅などが無造作に置かれています。これらの説明板や名称札は見られませんが、ホイアンが貿易港だったことを考えると、港町での商取引に用いられた計量道具だったのでしょう。
建物の外側には鉄製の大砲が二門置かれていますが、風雨にさらされて錆が進んでいました。

✻タンキーの家　The Tan Ky House

一八世紀に中国広東省からやってきた中国人によって建てられた家です。外観は質素な印象ですが、この当主は香料の貿易で財を成した商人でした。ホイアンの伝統的な家屋の中でも、内部の装飾の美しさがずば抜けているとされています。調度品は真珠貝をちりばめた黒檀の椅子やテーブル、各所の装飾彫刻など見るべきものがたくさんあります。

タンキーの家

壁の文字は冠水の記録

現在の当主は七代目で、一九八五年に文化省から文化遺産としての登録を受けているそうです。

入口は狭く、奥に長い構造で、先祖の位牌を祀る壇は目の高さにあり、天井も高く作られています。土間には、日常生活で使われてきた陶磁器がケースに収められています。花鳥文様の藍色が美しい染付、青花の飯茶碗や壺、水差しなどがあります。また朱塗りの漆器の箱も置かれています。その傍らの応接セットの椅子は、背当てに磁器をはめ込んであります。奥に行くと吹き抜けになっており、井戸があります。

この家も川沿いにあるため、十月からの雨季には必ず二、三度は一階部分の大半が水没、冠水するとのことでした。「柱の傷はおととしの……」という日本の童謡がありますが、ここでは壁に冠水状況を記録しているようです。

✿フンフンの家　The Phun Hung House

日本橋を渡って二軒目の民家は、二〇〇〇年前頃に建てられたホイアン独特の建物です。ベトナム、中国、日本の様式が混在しているといわれています。この家には現在も人が住んでおり、八代目とのことでした。

二階建ての一部が吹き抜けとなっており、いつでも外せるように格子状の窓のような天井板がはめ込まれています。そこから荷物を二階に引き上げることができるようになっています。ホイアンでは川の氾濫が多く、洪水によって床上浸水することもよくあるという事情のためです。二階に先祖代々の位牌を祀る壇が設けられているのも、水害から守るためでしょう。建物の道路側に狭い廊下と欄干があり、テラスが設けられています。軒下には提灯が吊るされ、天井には龍の彫刻も見ることができます。

フンフンの家

✽福建會館　Phuc Kien Assembly Hall

中国人華僑の同郷の人々の交流のために作った集会所を會館と呼んでいます。ここは中国福建省出身の人々の利用する施設で、赤や黄の原色を使った目立つ建物です。中にはティンハウ（天后聖母）が祭られています。ホイアンに一七世紀に渡来した六家族の家長の座像などが安置され、道に面した門は一九七五年に建てられたものです。

門を入ると、香炉と階段があり、二階建ての緑釉瓦と朱色の煉瓦で構成される極彩色の門があります。門には「金山寺」という看板が掲げられています。奥には本殿の建物があります。境内には一面に盆栽が置かれており、目を楽しませてくれます。

さらに進むと、切妻の重層屋根の建物があります。中に入ると、天井から巻線香が吊り下げられ、あたり一面に線香の香りが漂っています。中央には「寿」と書かれた額が掲げられていましたが、ここに何が祀られているのかはわかりませんでした。

✽中華會館

ホイアン市街地に、両翼に青い壁に緑色の枠を持つ窓を備え、屋根は緑釉の瓦で葺かれ、前方は緑色に塗られた鉄柵で囲われた派手な門があります。

中華會館の門

福建會館

これが中華會館です。両側には植木鉢が置かれ、中央奥には色鮮やかで古い瓦葺きの建物があります。境内はあまり広くありません。参道の左右の建物の前には鉢植えの盆栽が六鉢ずつ置かれています。中央の建物にはティンハウ（天后聖母）が祀られています。

✻廣肇會館　Cantonese Asembly Hall

ホイアン市街地に、赤く塗られた鉄柵が巡らされた極彩色の門が目に入ります。ここは広州と肇慶出身の中国人によって一七八六年に建てられた同郷人のための集会所です。建物の随所に華麗な彫刻が施されており、境内の中央に龍の大きな焼き物が置かれています。中央奥の本殿には天井から巨大な赤い巻線香が吊り下げられ、関羽が祀られています。建物の内部は金や赤の装飾が施されています。堂内の傍らには「一帆風順」と赤い字で書かれた帆が二本ある船が置かれています。また中央には供物の供えられた祭壇があり、祭壇の両脇に白馬と茶毛の馬の像が置かれています。

廣肇會館

✻タンハー陶器作りの村

トゥボン川の沿岸にある陶器生産の工芸村です。入口の家には「TANH HA POTTERY VILLAGE RIVERSIDE」とペイントされた看板が掲げられています。家の周辺には無造作に陶器の壺が積み重ねら

タンハー陶器作りの村の入口

焼成のための窯

れており、隣の家では陶磁器の土産物を並べています。村の規模はさほど大きくはありませんが、住民の多くがロクロを使って陶器を製作しています。粘土紐を巻き上げ、回転させて形を作るマキアゲ、ミズビキ手法で形成されています。このようなロクロを用いて製作する風景はいくつかの家で見ることができます。ここで作られているのは壺、鉢や土産物の人形や笛などです。観光客向けには陶芸製作の体験コースがあります。粘土や作業用の道具などすべて用意されています。

焼成のための窯は薪を用いる小型の穴窯型式のもので、村の奥の川沿いに二基ならんでいて操業中でした。窯の近くには燃料の薪が積まれており、薪割りをする人、粘土をこねている人の姿がありました。看板にリバーサイドとあるように、川には荷物を積んだ小船が係留されていました。

✽ミーソン

世界遺産

四世紀末～八世紀のチャンパ王国の都はベトナム中部のチャキュウに置かれ、その東の河口部には貿易港として栄えたホイアンがありました。チャキュウの西にはヒンズー教の神々を祀る聖地ミーソンが造られました。ミーソンはホイアンの南西四〇キロメートル、車で約一時間のトゥボン川流域の山間部にあります。

ミーソン遺跡群は四方を山に囲まれた静かな地域にあります。南に聖山マハーパルヴァタを望む盆地の中央部にあり、聖地として十分な条件を備えています。聖山マハーパルヴァタの稜線はライオンの顔のようにも見えます。四世紀後半、チャンパ王バドラヴァルマンがシヴァ神を祀った木造の祠堂を建てましたが焼失してしまい、七世紀に煉瓦で再建されたことなどが明らかになっています。

✽チャム族伝統芸能公演施設

坂道の長い見学者用道路を登って行くと、舞台のある木造の建物のところに出ます。ここでチャム族の楽器演奏やダンスを鑑賞することができます。一日に数回程度公演しているようです。

公演時間は二〇分あまりです。舞台背景には布地にミーソン遺跡と背後にそびえる山並みがカラーで描かれています。この幕の前で、白い民族衣装に赤いたすきをかけた四名の女性が頭に小型の壺を乗せて踊るダ

チャム族伝統芸能公演施設

ンスが演じられます。次に、カラフルな民族衣装の七名の男女による伝統的な笛と打楽器の演奏がありま す。ダンス観賞の後は、遊歩道を進んでミーソンの遺跡群の見学となります。

✤ミーソン遺跡　My Son Site

遺跡は、A~Gの七つのグループに分けられています。もっともよく整備されているのは、B・C・Dグループの建物群です。ここにはベトナム戦争時代解放軍の基地が置かれていたことからアメリカ軍の爆撃の対象となり、遺跡の破壊が進んでしまいました。C群建物の前に大きな穴がありますが、これはアメリカ軍の爆弾が落ちた跡だそうです。

整備された石畳の道とは対照的に、遺跡地域は青々とした草に覆われた建物の基礎が続いています。かつてのチャンパ王国の栄華を偲ばせる建物が続きます。

一九〇九年、フランスの研究者H・パルマンティによってこの遺跡が学会に報告されました。そして、B・C・Dグループの建物の整備が続けられました。現在は失われていますが、木造の軽量な屋根があったとされています。

現在Dグループの長方形の二棟の建物（矩形房D1およびD2）では、この遺跡から出土した石像彫刻の展示が行われています。細身の女性の石像は頭部を失っていますが、ミロのヴィーナスのような魅力を感じさせます。また宝物庫とされる建物の壁面や破風の下には両手を合わ

ミーソン遺跡

せて祈る女神の姿が刻まれています。

✿ミーソン遺跡展示館

ミーソン遺跡群の入口に建てられた平屋建ての建物で、正倉院を思わせます。ミーソン遺跡群の概要を知ることのできる施設で、二〇〇五年に日本政府の援助によって建設されたことを示す記念パネルが埋め込まれています。

正面には、中央祠堂の全景の大きな写真パネルが掲げられています。その前には象の頭を持つガネーシャの石像があります。壁面には代表的な建物の写真パネルやA~Gの七つのグループから成る遺構についての解説パネルが展示されています。また文字が刻まれた石柱や建築物の骨組を復元したモニュメントをはじめ、シヴァ神を祀る堂に安置されるリンガや、遺跡から出土した石像仏などの石像遺物が展示されています。量は多くないので、じっくりと観賞できます。

ミーソン遺跡展示館

またミーソン遺跡群やホイアンなどのガイドブックや絵葉書、あるいは染付けの陶磁器、織物などのミュージアムグッズもこの入口で販売しています。

✿シンガープラ遺跡

ミーソン成立以前にあったという王朝の遺跡であるとガイド嬢から説明されました。しかし、ほかにそれを記した資料などが見当たらないので果たしてそれが存在したのかどうかも明らかではありません。聖山マハーパルヴァタの稜線を見るとライオンの顔のようにも見えますが、この場所からはその姿は十分には山を望めません。ここには小山があり、その頂上、中腹にはかつての南ベトナム大統領が信仰したというキリスト教の宗教施設が建設されていました。

ライオンの顔のような稜線

シンガープラ遺跡

ホーチミンの博物館

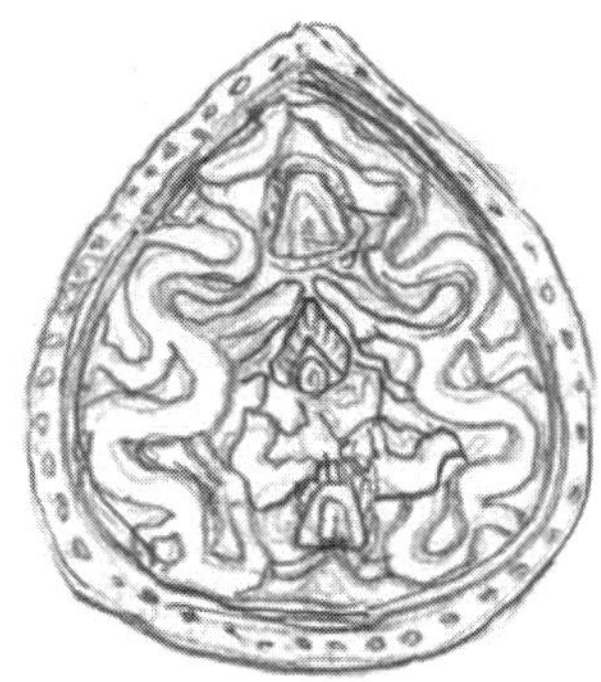

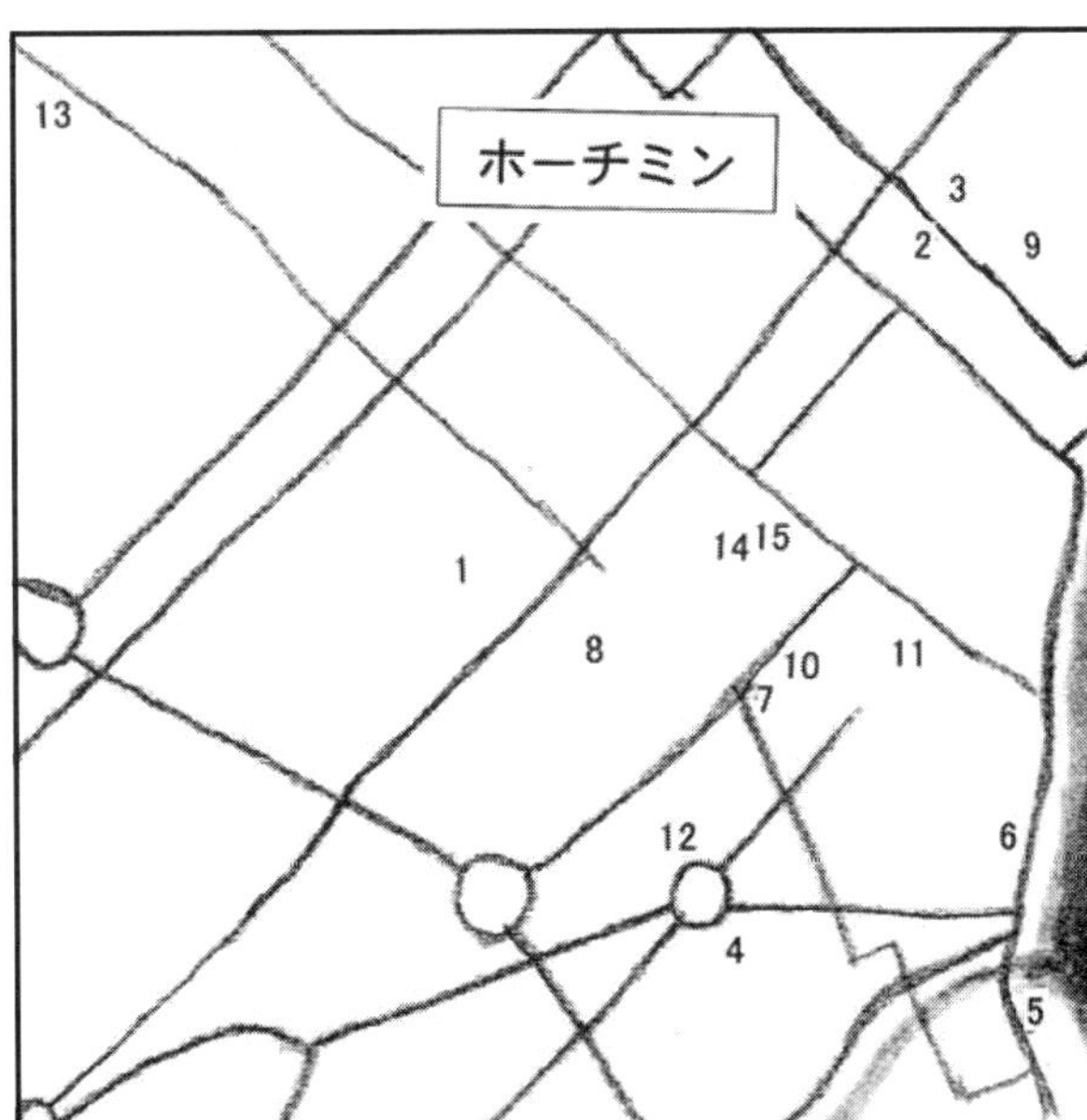

1戦争証跡博物館
2ホーチミン作戦記念博物館
3歴史博物館
4美術博物館
5ホーチミン博物館
6トン・ドク・タン博物館
7ホーチミン市立博物館
8統一会堂（旧大統領府）
9ホーチミン市動・植物園
10ホーチミン市人民委員会
　庁舎（旧サイゴン市庁舎）
11市民劇場（オペラ座）
12ベンタイン市場
13永厳寺（ウインギエム寺）
14サイゴン教会
　（聖母マリア教会）
15サイゴン中央郵便局

かつての南ベトナムの首都サイゴンが南北統一後、ホーチミンと改称されました。ベトナムの南部にあり、「胡志明」とも漢字で表記されます。総面積は二〇九五平方キロメートル、人口約七四〇万人、ベトナム社会主義共和国では最大の都市です。

かつてフランスの植民地であったことから、フランス様式の建物も市街地には残されています。代表的なものとして、ホーチミン人民委員会庁舎，美術博物館、中央郵便局などの建物があげられます。

博物館はベトナム戦争に関するものと関連の人物記念館などが多いところです。

戦争証跡博物館✽
ホーチミン作戦記念博物館✽
歴史博物館✽
美術博物館✽
ホーチミン博物館✽
トン・ドク・タン博物館✽
ホーチミン市立博物館✽
統一会堂（旧大統領府）✽

✽ホーチミン市動・植物園
✽ホーチミン市人民委員会庁舎（旧サイゴン市庁舎）
✽市民劇場（オペラ座）
✽ベンタイン市場
✽永厳寺（ウインギエム寺）
✽サイゴン教会（聖母マリア教会）
✽中央郵便局（サイゴン中央郵便局）

✤戦争証跡博物館 War Remnants Museum

アメリカは一九六四年八月四日ベトナム北部への爆撃を行い、ベトナムにおける全面戦争を開始しました。この戦争によって三〇〇万人の死者と四〇〇万人の負傷者を出し、現在もその後遺症に苦しんでいる人が多くいます。

ベトナム戦争でのアメリカの戦争犯罪を告発し、かつベトナム人民の独立と統一を求める戦いを記録し将来に残そうという目的で建設された博物館です。収蔵資料は約一万四〇〇〇点あるとされていますが、常に展示されているのは、そのうちの一〇〇〇点ほどです。

戦争証跡博物館前広場の戦車

博物館の前の広場には、ベトナム戦争時のアメリカ軍の戦車や戦闘機、ヘリコプター、銃器類が無造作に並べられています。

展示は写真中心で、ベトナム戦争におけるアメリカ軍の残虐な行為を断罪する内容です。アメリカ軍の大虐殺として知られているソンミ事件の報道写真があります。また、多くの犠牲者を出した枯葉剤の影響で生まれた奇形児のホルマリン漬けの標本が置かれています。戦争という狂気の中での非人間的な行為の結果ですが、何とも言葉を失います。

また、南ベトナムの反政府運動家への弾圧・拷問・処刑についても多くの資料が展示されています。収容所となった刑務所のジオラマがあります。処刑に使用されたギロチンの復元模型などもあり、残虐な行為の証跡を見ることができます。

子どもたちが描いた爆撃の絵

展示品の中でもとくに目を引いたのは、子どもたちが描いた爆撃の絵です。アメリカの爆撃機が無数の爆弾を落とす様子や爆撃で燃える村、逃げ惑う人々など実際に目の前で起こっていた悲劇的な情景を描写した作品です。

世界各地でのベトナム戦争反対運動を紹介するコーナーもあり、「ベトナムに平和を市民連合（略称ベ平連）」のビラや新聞記事なども集められています。

✾ホーチミン作戦記念博物館

一九七五年四月三〇日のサイゴン陥落をもたらした「ホーチミン作戦」を記念する博物館です。この衝撃的な作戦のさまざまな場面の写真パネル、銃器、砲弾などを中心に展示が行われています。

館外には一段高くなったコンクリートの舞台上に、ベトナム戦争で使用されたミサイル

飛行機の残骸などの展示

ホーチミン作戦記念博物館

や高射砲、撃墜されたアメリカ軍、南ベトナム軍の飛行機の残骸などが展示されています。

＊歴史博物館

動物園、植物園がある緑豊かな公園内にある博物館で、中庭にも多くの樹木が茂っています。中庭を取り囲むように博物館の展示室があります。

一九二九年、インドシナ研究協会によってブラチャード・ラ・ブロスク博物館が南ベトナム初の博物館として開館しました。建物はフランス人建築家の設計で、外観はヨーロッパ風です。しかし屋根の造りなど随所に中国様式を取り入れており、やや風変わりな折衷様式となっています。一九五六年にサイゴン国立博物館となり、アジア地域の古美術品の収集展示が行われていました。その後一九七九年一〇月二三日、ベトナムと近隣アジア諸国の古代コレクションを多数有する博物館としてリニューアルオープンしました。

現在の展示テーマは大きく二つあります。その一つは、先史時代（約五万年前）からグエン王朝（一八〇二～一九四五年）の期間を対象としたものです。もう一つのテーマは、ベトナム南部地域と近隣のアジア諸国の文化に関する展示です。

先史時代のものでは、紀元前一三世紀にはじまるドンソン文明の石器、土器などの考古遺物が多数展示されています。さらに一世紀ころにはじまるオケオ文明、チャ

歴史博物館

ム、クメール、ベトナムと続く各民族によって形成された文化の流れを、それぞれの文化相の土器や陶・磁器、青銅器や鉄器などのさまざまな形に加工された遺物から知ることが出来ます。

三〜四世紀の家を表した明器は見逃せません。塀に囲まれた伝統的な家屋と倉庫と見られる建物が並んで二棟あり、その中庭に羊と犬がいます。この遺物は、発見された墳墓の造られた時代のごく普通の風景を表現したものと見られます。中国大陸では漢時代に日常生活を表現したさまざまな明器が出土していきます。さらに文字や文様が刻まれた中国色の濃い塼、青銅製水盤や銅鏡、四〜五世紀の銅鼓などは特徴的な遺物が目白押しです。

八〜九世紀には口縁を両側から龍が囲む白磁の龍耳壺が登場します。これらは中国唐時代に流行したものに比べても見劣りしません。おそらく大陸から輸入されたものなのでしょう。一〇世紀頃の遺物としては、床に敷かれたタイルや屋根の棟部分を飾った水鳥形装飾が見られます。九七〇年にはベトナムでの最初の銭貨である「太平興宝」が鋳造されています。中国の支配から脱し、ベトナムにおける統一国家が成立する段階に入ったとされる時期に相当します。

一五〜一六世紀と表示された磁器は、緑色の釉薬が施された壺や赤褐色の壺が見られます。また同じガラスケースには篇壺と呼ばれる水筒型の壺や青磁の香炉なども置かれています。いずれも中国の影響の濃い陶磁器です。さらに、高さが一メートルにも及ぶ大型の染付長頸壺や植木用の鉢である花盆など小型の壺も大量に展示されています。

次に、ベトナム南部地域と近隣のアジア諸国の文化に関する展示を見ましょう。

隣国のカンボジアでは、クメール文明の展開によってアンコールワットやアンコールトムなどの遺跡とともに多くの素晴らしい石造美術品を生み出しました。ここではアンコールワットなどの遺跡群から出土した石造彫刻を中心とする作品が展示されています。

館外には大小の鉄製の大砲が置かれていますが、どれも雨ざらし状態で、劣化が心配です。

近隣地域で古墓が発見され調査されました。墓には女性のミイラが埋葬されており、分析の結果、六〇歳くらいで身長一五二センチ、グエン王朝の時代の貴族と推定されました。このミイラも展示されています。

✾美術博物館　The Fine Art Museum

ホーチミン市街にはフランス風の建物があちこちに見られますが、この美術館もその一つです。二〇世紀初頭に建てられた建物で、壁面が黄色に塗られた特徴的なものです。

ここは裕福な中国人商人のフイ・ポン・ホアの邸宅として、一九二五年、フランス人建築家リベラによって建築されたものです。フランス風建築と、居住者の意向で採りいれられた中国風の装飾が混在したものとなっています。建物の外壁や窓枠、窓の外に取り付けられたフェンスの装飾などは手の込んだものです。床にはベトナム産のタイルが敷き詰められています。

サイゴン陥落後、一九八七年にホーチミン人民委員会によって美術博物館とされましたが、それ以前は貿易センターとしても利用されていたようです。現在は美術博物館として一～三階フロアが展示室として使われています。内部の展示は、淡い空色の壁面に絵画作

美術博物館

品などを架けた簡単なもので、かつての住居の雰囲気はよくわかりますが、美術館の展示としてはもう少し工夫が欲しいところです。

黒檀のテーブルと椅子が置かれた一角は居住空間そのものといえます。陶磁器などの工芸品は、古風な木製枠のガラスケースに置かれていますが、名前の表示や解説は見られませんでした。二階フロアにはベトナム人芸術家の作品を中心として近隣の国の現代美術を展示しています。「フランスの植民地支配」というテーマに関する作品が多いように思います。

一階は特別展示用のフロアとされています。訪問時には現在活躍中のベトナム人画家の作品の販売が行われていました。三階フロアの展示室には古代ベトナムの彫刻作品をはじめ七〜一三世紀にかけて製作された木彫を中心とした美術作品が集められています。オケオ文化およびチャンパ文化の仏像彫刻などの時代的に遡る美術品、さらに少数民族の工芸作品などが集められています。

✿ホーチミン博物館

ホーチミン市街中心部から、サイゴン川に架かる橋を渡った左手に、壁が朱色に塗られたひときわ目立つコロニアル様式の建物があります。これがホーチミン博物館です。

ベトナム建国の父と慕われるホーチミンを記念し顕彰する博物館で、一九七九年に創設されました。一八六二年に建てられたフランスの民間船会社の現地オフィスだったこの建物はドラゴンハウスとも呼

ホーチミン博物館

ばれています。

建物の前方にホーチミンの若かりし頃の立像があり、その後ろに三階建ての切り妻屋根を持つ本館があります。ホーチミンは二一歳の一九一一年、フランスの貨物船のコック見習いとしてここから船に乗り、フランスに出発しました。

館内では、出生から革命家としての活躍までホーチミンの足跡を写真パネルなどで解説しています。彼の故郷、ベトナム北部の農村ではフランスの植民地支配に農民が激しく抵抗しました。これが革命家ホーチミンの原点であったとされています。

椅子に座ったホーチミンの姿をあしらった銀の小箱が置かれ、その下の円形のガラスケースには、進軍ラッパ、日本刀、手榴弾二個、銅製の鉢と皿が並べられています。ケースの周囲の壁面には数十枚ものホーチミンの写真が掲げられています。

ロシアの政治家、革命家レーニンの写真が掲げられたコーナーがあります。ホーチミンはレーニンを尊敬し彼の革命家としての行動を手本にしていたとされています。館の外側廊下には人力車やイタリア製の高級乗用

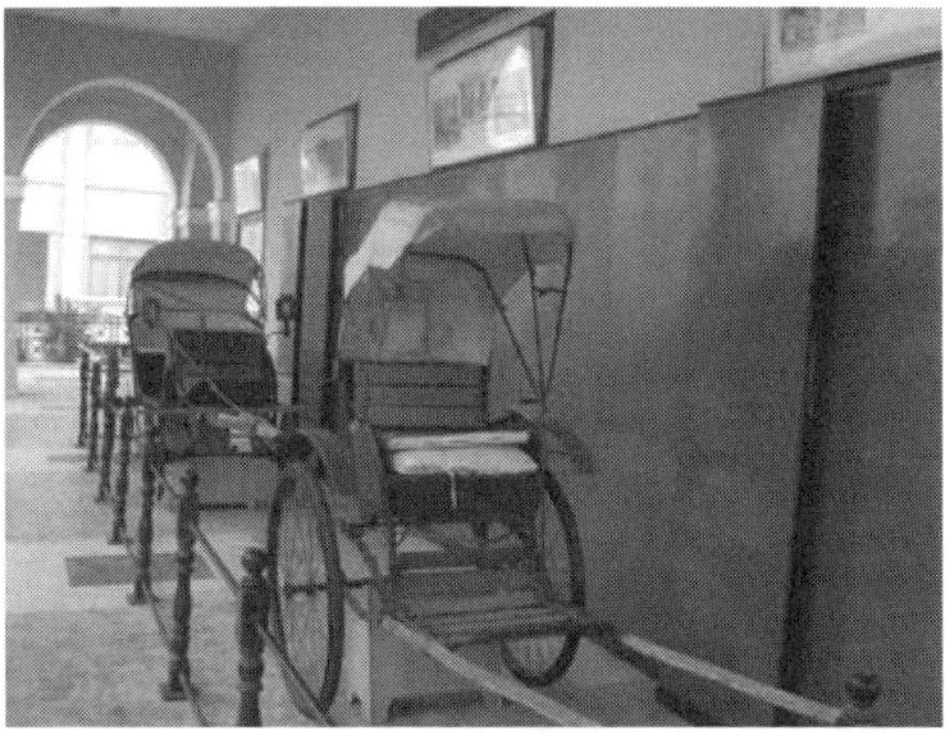

人力車の展示

進軍ラッパ、日本刀、手榴弾……

車が置かれています。かつてホーチミンが利用したもののようです。

ミュージアム・ショップでは、ホーチミンの大小さまざまな胸像や、写真絵皿、ホーチミンに関する多くの著書などが販売されています。館の隣には広い芝生の庭があり、中央には蓮のつぼみの形をした噴水があります。

✿トン・ドウックタン記念館

サイゴン川沿いの道路に面して建てられています。統一後のベトナム初代国家主席トン・ドウックタンの事蹟を紹介し顕彰する博物館です。博物館正面には金色に彩色されたトン・ドウックタンの頭部の彫像があります。展示はトン・ドウックタンの足跡を写真パネルなどによって紹介したものです。彼が投獄されていたコンソン島のコンダオ刑務所のジオラマは、極めて凄惨な状況が示されています。

ホーチミンがベトナムの父として崇拝されているのに対し、トン・ドウックタンはあまり知られていないせいか、見学者はほとんどいませんでした。場所が示されていないガイドブックも多いようです。

トン・ドウックタンは一八八八年八月二〇日アンザン省に生まれ、サイゴンで機械技術を学び、一九一二年からサイゴンのバ・ソン造船所で働き始めます。このころから共産主義に傾倒していき、劣悪な労働環境の改善を求めて起きたストライキに参加します。一九一六年に軍艦の技術者補助としてフランスに渡

トン・ドウックタン記念館

り、フランスのトウドン造船所で働きました。一九一九年、ロシア一〇月革命を支援するために出航したフランス軍艦に船員として乗船します。そこで彼は軍艦に赤旗を掲げる役割を担います。しかしロシア革命に反対する勢力によってフランスを退去させられます。一九二〇年、サイゴンに戻った彼はベトナムでの労働者の権利を守るために地下組織を結成します。

一九二五年、トレード・ユニオンの指導の下にバ・ソン造船所の一〇〇〇人の労働者が生活・労働条件の改善を求めてフランス人責任者を相手に労働闘争を展開しました。一九二七年、ベトナム革命青年同盟に加盟し、サイゴン・ジョロの労働運動の責任者となります。一九二八年、彼はフランス官憲に逮捕され、一九二九年七月二六日にサイゴン高等裁判所で二〇年の強制労働刑の判決を受けます。一九三〇年七月二日にコンダオ刑務所に送られます。その後一九四五年九月二三日八月、革命が成功しコンダオ刑務所から解放されます。こののちすぐにメコンデルタに戻りフランス植民地政策に反対する抵抗運動に参加します。一九五一年にはベトナム労働党の中央委員に選出され、一九五五年にレーニン平和賞を受賞します。一九五五年から一九六〇年にかけてベトナム人民共和国の国家常務委員会議長を務め、一九六〇年七月一五日国家副主席に任命されました。

以後、ホーチミンと行動を共にしますが、一九六九年九月二日にホーチミンが死去したため、三日後に第二代国家主席に昇格。一九七五年五月には南ベトナムを倒し、一九七六年七月二日南北ベトナムが正式に統一されると、ベトナム社会主義共和国の初代国家主席に選出され、一九八〇年三月三〇日に九二歳で死去するまでその職にありました。

サイゴン川に沿って走る海の見える道路がトン・ドウックタン通りです。ドンコイ通りにも面しており、高級ホテルのある通りとしても知られています。通りの先の橋を渡るとホーチミン博物館があります。

✽ホーチミン市立博物館

一八八六年に建築された鉄筋コンクリートつくり二階建ての建物で、地元では革命博物館という名前で呼ばれています。もとはフランスの官僚のための邸宅で、外壁にはさまざまな装飾が加えられており、味気のないコンクリートづくりの建築物に魅力を与えています。南ベトナム時代には大統領の住居としても利用されたため、隣の大統領宮殿とは地下道でつながっているとのことです。展示は一・二階フロアで行われています。一階フロアではホーチミン市の自然と歴史を実物、ジオラマ、写真パネルなどで紹介しています。

先史時代以来の考古遺物の展示が行われている展示室には大量の土器が並べられています。また、中世から近世の武器や銅鑼という青銅製品をはじめ螺鈿細工の調度品などがフロア一面に集められた展示は迫力があります。

ホーチミン市立博物館

ベトナムの穴あき銭にひもを通して集めたコイン・コレクションや、日本では中世から近世に流通した丁銀と呼ばれたものによく似た銀の塊や棒状の銀があります。日本など金が主体の金本位制をとる国が多いのに対し、ここでは銀が主体の銀本位制をとっていたことがわかります。これには中国の強い影響が考えられます。このほか、かつて使用された紙幣も集められています。

信仰関係では、色彩豊かな木造の神像彫刻が集められています。民俗関係では、祖先神の前で祈るカップルの様子（結婚式？）など儀礼習俗を示したジオラマがあります。

展示室の外の窓際には長い廊下があります。そこには消火器、墓石、丸木刳り舟、スクーター、自転車などが雑然と並べられていますが、解説板などはありませんでした。

次の展示室では古めかしい計測機械が並べられ、職人が作業をしているジオラマがあります。このコーナーには伝統産業として織物や陶磁器産業、金属工業が紹介されています。職人のジオラマは、ろくろを回して陶磁器の製作を行う工人が表わされています。

伝統産業の展示

考古学と自然に関する展示コーナーでは、植生や岩石の紹介が行われています。この一角には熱帯の水辺のジオラマがあり、マングローブの樹林の間からワニが獲物を狙っている様子が表されています。考古学の展示ケースには石器が数えきれないほど集められています。

このほか、少し時代を遡ったホーチミン市の産業や市街地の紹介が行われています。

このほかの展示室では、無数のベトナム国旗に囲まれた戦車と兵士の凱旋風景が描かれた大きなパノラマ、ガラスケースに入れられた迫撃砲や機関銃、手榴弾などが並べられています。さらに別の部屋では、演壇に立つ人物とそこに集まった群衆を描いたパノラマが壁一面を飾っています。廊下に出るとそこには丸木舟や人力車などが無造作に置かれていました。

建物の前には小型の大砲が旧大統領府に向けていくつも配置され、建物の横にも戦車やジェット戦闘機などが置かれています。

この建物は市内の数少ない記念撮影スポットの一つのようで、

ウエディングドレスを着た何組もの新婚カップルが雑誌のモデルのようなポーズをとっていました。

✽統一会堂（旧大統領府）

一八六八年二月、フランス人総督ラグランデイエールはサイゴン市内中心部の一二ヘクタールの広場にノロドムというインドシナ総督府の宮殿建設を開始しました。ノロドム宮殿は一八世紀のロマンチックスタイルと西洋風の古典的なスタイルをミックスさせて一八七一年に完成しました。フランスの植民地統治は一九五四年五月に終わりを迎えたのですが、間もなくアメリカの画策によりベトナムは南北に分割され、北ベトナム民主共和国と南ベトナム共和国となります。一九五四年九月七日にはフランス政府代表ポルエリ将軍からサイゴン政権代表のゴ・ディン・ジェム首相にノロドム宮殿の引き渡しが行われました。ゴ・ディン・ジエムは宮殿の名称を独立宮殿と改称しました。

一九六二年二月二七日のクーデターの際、南ベトナム軍のＡＤ６戦闘機二機がこの宮殿を爆撃し、左半分が破壊されてしまいます。ゴ・ディン・ジェムはベトナム人建築家ゴ・ベト・チューに依頼し、かつての建物の基礎に沿った新しい宮殿を建設させました。

宮殿は、二万平方メートルの総面積を有し、地下二階地上四階の現代的な建物です。さまざまな用途の大小一〇〇以上の部屋があります。二階の外周りには、石の柱のカーテンが巡らされています。この宮殿

統一会堂（旧大統領府）

の建築には一万二〇〇〇立方メートルのコンクリート、二〇〇〇立方メートルの木材、扉、窓用のガラス、四〇〇〇個の蛍光灯など莫大な量の資材が使われました。また、建物のほかに一二ヘクタールの庭園が造られています。

ゴ・ディン・ジェム大統領は、一九六三年一一月二日の政変で殺害され、建物の完成を見ることはできませんでした。一九六六年一〇月三一日に宮殿落成式が行われ、この宮殿はグエン・バン・チュウ大統領のサイゴン政権政府機関として利用されます。

一九七五年四月三〇日、南ベトナム解放軍の三九〇号戦車は正面の門をなぎ倒し、独立宮殿表庭園に侵入します。午前一一時三〇分に、この建物の国旗掲揚台に掲げられていたサイゴン政権の旗が降ろされ、南ベトナム民族解放戦線の旗が掲げられました。ここに南北ベトナムは統一され、三〇年以上にわたった戦争に終止符が打たれました。一九七五年一一月には国家統一政治大会議がこの宮殿で行われました。現在では統一会堂と呼ばれ、政府の会議、外国首脳や賓客の応接場所として利用されるほか、歴史遺跡として広く一般にも公開されています。

会議室

独立宮殿の前には水しぶきを上げる噴水があり、その先はレユアン通りです。建物二、三階の外側壁面には芸術作品の彫刻が上下の各窓を結ぶブロックを構成し、宮殿の美しさを強調しています。

グランドフロアを入ると、中央には赤い絨毯が敷かれた大きな階段があり上階に通じています。ここには厨房や独立宮殿に関する写真展示室、英語・フランス語・中国語・ベトナム語の映画上映室、射撃訓練室などがあります。また、中央奥の大きな応接室には、朱色の地に黄金の文様を配した豪華な絨毯、同じ文様の生地を使った椅子やソファが四方に置かれています。その右には長い楕円形のテーブルと椅子が置かれた簡素な内閣会議室、左にはクリスタルの豪華なシャンデリアが美しい大宴会室があります。

二階は中央奥に国書提出室、その奥には寝室、食堂、右側には南ベトナム副大統領の賓客応接室があります。左側には南ベトナム大統領の国内賓客応接室、国外賓客応接室と続きます。国外賓客応接室には立派な二本の象牙、仏像彫刻などの置物が置かれています。さらに奥は地図室、大統領執務室となっています。

ヘリポート

三階は、中央に映画室、右側に娯楽室、左側に大統領夫人応接室がそれぞれ配置されています。また一部に簡単な庭園が造られており、大統領家族の生活区域となっています。この庭園に面した壁には，各地の民族彫刻、面、彫像などが掲げられています。

中央外側にヘリポートが設けられています。このヘリポートには赤い円形のマークの中に細かい文字が書かれています。そこには一九七五年四月八日午前八時三〇分にＦ５Ｅ戦闘機が落とした爆弾二本の着弾個所であると記されています。

国外賓客応接室

地下には、軍事関係の活動拠点や避難場所などの施設が一括されています。大きな地図に囲まれた部屋には、大統領の司令室、作戦指揮室、作戦参謀の作業室です。電話交換室、電力調整室もあります。また予備の放送室があり、大統領の休憩室には大きな寝台が置かれていますが、ほかには一切家具はありません。無線室も固定された部分と移動が可能な部分とがあります。地階の展示からは、ベトナム戦争の厳しい現実と臨戦態勢の様子がよくわかります。

グランドフロアに二台の自動車があります。一つは白い大型の大統領専用車です。もう一台は一九七五年四月一〇日にユン・バンミン大統領がサイゴン放送局に行き無条件降伏した際に利用したジープです。庭園の左手奥の広場には、F５E戦闘機一機と独立宮殿に突入した解放軍の３９０、８４３型戦車二台が置かれています。ただし、いずれも実際のものではなく、同型のものが展示されているようです。実物の戦車やジープは、ハノイの軍事博物館に展示されています。

✱ホーチミン市動・植物園

レユアン通りの突き当りにある広大な緑地が動・植物園です。

フランス統治時代の一八二七年、フランス政府は博物館（プラシャール・ラブロス）を建設しました。その後、一八六四年にはフランスの植物学者ルイ・ピエールによって植物園が作られました。園の入口には、ルイ・ピエールの胸像があり、現在園内には約二六〇種、一八〇〇本以上の植物が育成されています。

ここに動物園もあります。一九世紀後半に造られた世界的にも初期の動物園です。しかしフランスへの抵抗運動、アメリカとの戦争

ルイ・ピエールの胸像

蘭の温室

と続いたことから、荒廃の危機に瀕したこともありました。

現在では、植物も大きく育ち、小さな森のようになっています。植物園には蘭の温室があり、色とりどりに咲き競う蘭の花を観賞することが出来ます。よく手入れされた大小の盆栽が並べられており、他の地域の植物園とはかなり趣が異なります。象や馬など動物の形に枝や葉が刈りこまれた植栽は圧巻です。

動物園はあまり大きいものではありません。カバの飼育舎には小型のプールが設けられていますが、プールの水は透明ではなく緑色をしています。カバは水中にもぐったり、半身を水上に出しています。サイは飼育場内の屋根つきの小屋の陰で身じろぎもせず、ダチョウも一点を見つめて動こうとしません。暑さに耐えているようにも見えます。このほか虎、猿、熊、象、ライオン、フラミンゴなどが飼育されています。

この動・植物園は、市民の憩いの場として家族連れや若いカップルなどで賑わっています。

＊ホーチミン市人民委員会庁舎（旧サイゴン市庁舎）

フランス統治時代の一九〇八年に竣工した典型的なコロニアル建築と

ホーチミン市人民委員会庁舎

して知られています。建物はイタリアルネサンス様式によって建てられており、豪華な彫刻や彫像が建物の外面を装飾しているのも特徴です。残念ながら人民委員会の庁舎ということで内部には入れませんが、とくに夜間にはライトアップされ、その豪華さと幻想的な美しさは見る人を魅了します。

✽市民劇場（オペラ座）

一八九八年に建設されたフランス統治時代の建築物です。市街地の中心部、ドンコイ通りに面しており、そのバロック様式の堂々とした姿は一見の価値があります。夜間はライトアップされ、いっそう魅力を増します。ベトナム戦争中は南ベトナムの国会議事堂としても使用されていました。

✽ベンタイン市場

ホーチミン市最大の市場です。建物が特に古いわけではありませんが、独特の雰囲気を持つ建物です。東西南北に出入口があり、市場内は十字に通路がつくられています。新鮮な野菜や果物から、鮮魚、牛肉などの生鮮食料品、菓子、コーヒーなど、そして靴、サンダル、下着、アオザイなどの衣料品、アクセサリー、バッグなど、日常生活に必要なものはほぼ揃っ

ベンタイン市場

市民劇場（オペラ座）

ています。果物の王様といわれるドリアンも市場内の果物店で食することができます。店では、手を汚さずにすむよう、ビニールの手袋を用意してくれます。

✿永厳寺（ウインギエム寺）

市街地から国際空港に通じるナムキーコウギア通り沿いにある大規模な寺院です。日本に留学した僧が創建した寺院で、一九六四～七一年にかけて、ベトナムの伝統的な仏教寺院を最新の技術で建築したものです。ベトナム南部最大の寺院とされています。境内には高い基壇上に建設された二層の本堂と七重の塔、仏舎利塔、鐘楼などがあります。鐘楼に吊り下げられている銅鐘は日本の曹洞宗寺院から寄贈された「平和の鐘」と呼ばれるものです。そこには日本語で文字が鋳造されています。

ホーチミン市にはこのほか覚林寺、覚園寺などの寺院があります。

✿サイゴン教会（聖母マリア教会）

二つの尖塔をもつ赤煉瓦造りの建物で、正式名称を聖母マリア教会といいます。一九世紀に建てられました。教会前の緑地にはマリア像が建てられています。また教会内部には極

永厳寺の鐘楼

サイゴン教会

彩色のステンドグラスの窓があり、宗教行事がない場合は見学できます。

✽中央郵便局（サイゴン中央郵便局）

大教会のすぐ近くに、薄い桃色と白色の調和が素晴らしいフランス様式の建物があります。これが中央郵便局です。正面入口の上部には円形の時計が掛けられ、さらにその下に「１８８６」、「１８９１」という年代が刻まれています。これはこの建物の建設開始年と完成した年を示しています。フランス植民地時代に建てられたもので、文化財としても貴重なものです。内部はアーチ型の天井で、奥壁にはホーチミン主席の肖像画が掲げられています。中には土産物店、旅行会社のインフォメーションセンター、両替所などもあり、観光客で賑わっています。

中央郵便局

あとがき

マレーシアから始めたアジアのぶらりあるき博物館のシリーズも、このベトナムで第七冊目となります。毎月のように各地の博物館を訪問しています。

『観光白書２０１４』によると、日本人観光客が訪問した国では、アジアでは中国、韓国、台湾、タイ、シンガポールに次いで、五七万六七八六人が平成二四年中にベトナムを訪問しています。前年より一九・七％の増加です。ミャンマーの前年比一二三・七％には及びませんが、タイ、マレーシアに続く伸び率を示しています。最近では、中国、韓国、タイなどの国内事情の不安定さから日本人観光客が敬遠しがちになっていますが、ベトナムでもそうした傾向が見られていましたが、沈静化に向かっているようにも見えます。

ところでハノイ城（タンロン遺跡）、胡朝城跡をはじめ、景勝地として知られるハロン湾、フエ王宮群、ホイアン、ミーソン遺跡群など世界遺産に登録されている遺跡や重要な歴史遺産や景勝地がベトナムには多く残されています。さらに、歴史が長く、かつ多民族国家という性格から、民族資料、民俗芸能なども豊富で興味深く、とても短期間では見学しきれないほどで、新たな発見や感動があります。

ベトナムには、日本各地からの直行便もあり、六時間前後で行くことができます。本書で取り上げた都市は、観光施設が充実していますし、治安の面でもほぼ安心してよい地域でしょう。

博物館を訪ねると、その国柄、風土、民俗、歴史がわかります。読者の方々にも興味、関心を持っていただければ幸いです。

今回訪問できなかった都市や地域についても今後機会があれば訪ねてみたいと考えています。

最後になりましたが、毎々わがままな訪問行にお付き合いいただいた、前田弘隆、西岡健、藤川大氏をはじめ、本書の構成等でお世話になった芙蓉書房出版の平澤公裕、奈良部桂子の両氏、そして魚里真紀氏に対し厚く感謝の意を表します。

【参考文献】
石井米雄・桜井由躬雄『東南アジア史Ⅰ大陸部』山川出版社、二〇〇四年。
小倉貞男『物語ヴェトナムの歴史　一億人国家のダイナミズム』中央公論社、二〇一二年。
西村昌也『ベトナムの考古・古代学』同成社、二〇一一年。
Kristin Kelly, *THE EXTRAORDINARY MUSEUM OF SOUTHEAST ASIA*, 2001, HAEEYN INC.
Mariyn Seow, Laura Jeanne Gobal, *MUSEUMS of Southeast Asia*, 2004, ARCHIPELAGO PRESS.
Thang Long・HnNoi's antiquities.
VETNAM MUSEUM OF ETHNOLOGY, 1998, Tran Phu Printing Company.
Vietnam Fine Arts Museum, 1999.
THANH HOA, 2011,SOCIAL SCIENCE PUBLISHING HOUSE.
『ベトナム民衆版画』『HERITAGE』2011 Winter Issue Vietnam Air Lines.
STORIES OF THE NGUYEN DYNASTY'S KINGS, 2008, DANANG PUBLISHING HPOUSE.
昭和女子大学国際文化研究所『HOIAN』昭和女子大学、二〇〇〇年。
内海三八郎著、千島英一・櫻井良樹編『ヴェトナム独立運動家ファンボイチャウ伝』芙蓉書房出版、一九九九年。
The Natiomal Committee for The International Symposium on The ancient Town of Hoian, *Ancient Town of Hoi An*, 2011, The Gioi Publishers.
Ho Citadel-The Word Heritage　Vol 1 ;The Outstanding Universal Values, 2011, SOCIAL SCIENCE PUBLISHING HOUSE.
Historical Characters of the Dinh-le Dynastics, 2008, The Gio'I Publishers.
Vietnam a long history, 2012, The Gio'I Publishers.

My Son Relics, 2008、The Gio'I Publishers.
The Independence Palace-Then and Noto, 2013, THE CULTURE- INFORMATION PUBLISH HOUSE.
LEGENDS ABOUT KINGS, 2008, The Gio'I Publishers.
QUAN THANH TEMPLE HANOI, 2008, The Gio'I Publishers.
ほか多数

＊このほか、ベトナム関係の旅行ガイドおよび各施設のガイドブックやパンフレット、ハノイ歴史研究会「知ろうベトナム」をはじめとするインターネット記事などを随時参照させていただいた。ここに記して感謝したい。

著者

中村　浩（なかむら　ひろし）
1947年大阪府生まれ。1969年立命館大学文学部史学科日本史学専攻卒業。大阪府教育委員会文化財保護課勤務を経て、大谷女子大学文学部専任講師、助教授、教授となり現在、名誉教授（校名変更で大阪大谷大学）。博士（文学）。この間、福井大学、奈良教育大学非常勤講師ほか、宗教法人龍泉寺代表役員（住職）。専攻は、日本考古学、博物館学、民族考古学（東アジア窯業史）、日本仏教史。
『河内飛鳥古寺再訪』、『須恵器』、『和泉陶邑窯の研究』、『古代窯業史の研究』、『古墳文化の風景』、『古墳時代須恵器の編年的研究』、『須恵器集成図録』、『古墳時代須恵器の生産と流通』、『新訂考古学で何がわかるか』、『博物館学で何がわかるか』、『和泉陶邑窯の歴史的研究』、『和泉陶邑窯出土須恵器の型式編年』、『泉北丘陵に広がる須恵器窯―陶邑遺跡群』『須恵器から見た被葬者像の研究』などの考古学関係書のほか、2005年から「ぶらりあるき博物館」シリーズを執筆、刊行中。既刊は『ぶらりあるきパリの博物館』『ぶらりあるきウィーンの博物館』『ぶらりあるきロンドンの博物館』『ぶらりあるきミュンヘンの博物館』『ぶらりあるきオランダの博物館』『ぶらりあるきマレーシアの博物館』『ぶらりあるきバンコクの博物館』『ぶらりあるき香港・マカオの博物館』『ぶらりあるきシンガポールの博物館』『ぶらりあるき台北の博物館』『ぶらりあるき沖縄・奄美の博物館』の11冊（いずれも芙蓉書房出版）。

ぶらりあるきベトナムの博物館

2014年8月25日　第１刷発行

著　者
中村《なかむら》　浩《ひろし》

発行所
㈱芙蓉書房出版
（代表　平澤公裕）
〒113-0033東京都文京区本郷3-3-13
TEL 03-3813-4466　FAX 03-3813-4615
http://www.fuyoshobo.co.jp

印刷・製本／モリモト印刷

ISBN978-4-8295-0626-4